复旦人类学评论

复旦大学
人类学民族学所
IAES-FDU

FUDAN
ANTHROPOLOGICAL REVIEW

—试刊号壹—

消费市场与商业人类学

华东师范大学出版社

U0331211

图书在版编目（CIP）数据

消费市场与商业人类学 / 潘天舒主编.
—上海：华东师范大学出版社，2019
（复旦人类学评论）
ISBN 978-7-5675-9335-0

Ⅰ.①消… Ⅱ.①潘… Ⅲ.①消费市场—研究②经济
人类学—研究 Ⅳ.① F713.58 ② F069.9

中国版本图书馆 CIP 数据核字（2018）第 130057 号

复旦人类学评论

消费市场与商业人类学

主　　编	潘天舒
责任编辑	顾晓清
审读编辑	赵万芬
特约校对	周爱慧
封面设计	朱静蔚

出版发行	华东师范大学出版社
社　　址	上海市中山北路 3663 号　邮编　200062
网　　址	www.ecnupress.com.cn
邮购电话	021-62869887
网　　店	http://hdsdcbs.tmall.com/

印 刷 者	上海锦佳印刷有限公司
开　　本	787×1092　16 开
印　　张	14.25
字　　数	171 千字
版　　次	2020 年 8 月第 1 版
印　　次	2020 年 8 月第 1 次
书　　号	ISBN 978-7-5675-9335-0
定　　价	55.00 元

出 版 人	王 焰

（如发现本版图书有印订质量问题，请寄回本社市场部调换或电话 021—62865537 联系）

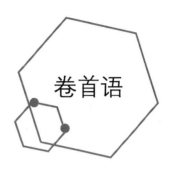

卷首语

一门"传统"学科的21世纪想象：
商业人类学的定位、价值与功用
（代序）

潘天舒①

全球化和地方转型时代的商业人类学：田野凝视焦点的变移和学科想象

八十多年以前，著名人类学家马林诺斯基（Malinowski）对人类学学科的发展态势做过如下观察和判断：越来越多的现代人类学研究正在指向人类文明那些看似平淡无奇、实则关键紧要的方方面面，如经济、教育、法律、人口、卫生和营养体系……人类学研究前沿之所以发生如此变化，就是基于

---

① 潘天舒 复旦大学人类学民族学研究所所长。主要研究方向：商业和技术人类学，医学人文和全球健康，都市民族志实践

这一事实，即人类学必须得像其他学科一样，显示出本学科的实用性，否则便会降格成为一种慵懒者的心智游戏。在马林诺斯基的前瞻视野里，值得当代人类学者关注的对象既可以是遥不可及的"他者"，也可以是处在现代化转型中的江村，或者是高度市场化的都市社会。假设马林诺斯基投胎转世的话，他必定不会介意后辈人类学者以他当年的执着态度和专业热情，将纽约华尔街以及上海外滩的投资银行和证交所作为田野凝视（ethnographic gaze）的对象，以他审视特罗布里恩德岛人库拉交易的那种猎奇心态和专业精神来书写股民、经纪人和金融家的日常实践。

　　无论何时何地，在学术机构和应用领域从事专业工作的人类学者，不管其价值观和理论喜好是什么，对于以参与观察为核心的田野研究方法所体现的学科价值和功能，均有普遍共识。按照"参与观察法之父"马林诺斯基的说法，田野研究的目的在于：通过在研究场地长期居住和体验，熟谙当地礼俗，学会当地人表情达意的语言和方式，知晓当地人如何看待他们所处的那个世界以及他们对于生活意义的理解。参与观察本身所展现的研究深度和难度，在马林诺斯基之前依赖文献阅读分析的"扶手椅人类学家"和问卷访谈的"露台人类学家"看来，显然是不可理喻的。顾名思义，"参与观察"对于田野工作者而言，是尽可能地参与研究场所和研究对象日常生活的方方面面。如果没有对"参与观察"的身体力行，我们很难想象马林诺斯基能够发现、记录和分析库拉交易，并使之成为经济人类学的经典案例。可以说，这种对于质性研究方法的革命性改变，使商业人类学的产生和发展成为一种历史的必然。

　　事实上，从20世纪30年代起，应用人类学家就开始尝试以企业雇员的身份，运用参与观察研究法和"商业民族志"的写作手段，在产品创意、设计开发、市场调查和塑造公司核心理念等方面发挥了不容忽视的作用。近年来，世界经济重心逐步向以中国为核心的亚太地区转移，已经成为全球化进程中最为引人注目的现象。以各种形式进行的交易、买卖和协商行为将各色人等以前所未有的速度联结在了一起。跨国企业比以往更为重视"文化"在营销和决策过程中的功能和作用。在实践过程中，应用人类学家通过不断努力渐渐形成了一套有别于经院体系的、与实践紧密结合的研究方法。这套脱胎于传统田野研究方法、以服务于应用为主要目的的实地调研工作法，已经成为当代商业人类学研究者获得"消费者洞见"（consumer insights）的首要手段。而所谓的"消费者洞见"，不过是马林诺斯基所说的"当地人的观点"的另一种表达方式而已。先后任职于 Media One 和英特尔（Intel）公司的应用人类学家肯·安德森（Ken Anderson）在《哈佛商业评论》上著文指出：如今的企业民族志不仅仅是服务于创新的一种手段，更是对消费者和企业本身获得全面和深刻认识的必要途径，对于长期规划和决策有着不容小觑的意义（Anderson 2009）。可以说，在全球化和地方转型日益深化的当代语境中，文化和社会人类学的视野、理论和方法早已被变通性地运用到对商业、市场、资本、消费等相关领域的研究之中，这已是不争的事实。

依笔者之见，就定位、功用和价值而言，带有公共性、前瞻性和植根性特质的商业人类学在 21 世纪中国的教研实践中应该涵盖以下三个具有想象力和跨界可能性的领域：一是纯粹从学术关注点出发，在人类学和相关学科视角内进行"针对商业的人类学"（the anthropology of business）研究，如以市场、资本、技术和消费文化为专题的民族志文本创作和理论探讨；二是立足于应用实践，将人类学理论视角和参与观察的方法技能运用于商业领域之中，在市场研究、产品设计和用户体验等方面找到应用型商业人类学者的用武之地；三是摆脱理论探索和应用实践二元论的束缚，在跨界和跨学科的新型环境中因地制宜，寻求在产业和经院教研实践中搭建桥梁的带有实验色彩的商业和技术人类学，这也是笔者所在的复旦人类学教研团队多年来孜孜以求的学科发展愿景。这三大领域为全面认识 21 世纪商业人类学的学理价值和适用范围，提供了必要的实践基点和丰富的想象空间。

一、针对商业和市场的"经院"人类学研究

作为经济学和人类学两大学科的交互界面，经济人类学是以理论探索为导向的当代商业人类学持之以恒的动力。传统上经济人类学者关注人们如何利用物质世界提供的资源来维持日常生计，如何在社会团组或者队群的生产、交换和消费实践中表达自我和集体认同。在这一分支学科发轫之初，研究主题侧重于所谓"原始人的经济生活"，尤其是在非工业化情境中经济生活的文化维度。西方新古典经济学的普世性曾经是困扰经济人类学者的难题，也是20 世纪中叶由波兰尼（Polanyi）引发的"形式主义和实质主义"二元论之争的焦点所在（Polanyi 1958）。当经济人类学者面临西方经济学模式在跨文化研究中的适用性这一问题时，通常会选边站队，进入"族裔中心论"倾向的形式主义阵营或者带有相对主义色彩的实质主义阵营。以形式主义者自居的经济人类学者试图探索在不充分考虑文化差异的情况下运用理性经济人来研究"他者"的路径，其假设是：人们未必选择代价最小和最有效率的策略来进行经济决策，但他们的确会倾向于寻求最为理性的策略。有些形式主义者甚至完全套用经济学家的理论，借助经济学模式来收集和解释定量数据，并且关注诸如生产和消费模式、供需、交换和投资决策等经济变量。加入实质主义阵营的经济人类学者则坚信："理性"的行为选择、利益的最大化和资源

短缺都是市场经济情境中的特有现象，缺乏普遍意义。实质主义者将波兰尼的《大转型》一书的"反市场"之辩视为论证出发点，对田野、考古和历史案例进行解读和分析，认为小规模社会的商品和服务分配与大规模西方经济体系截然不同，因为前现代经济植根在迥异于工业经济的社会文化制度上，有着不同于市场交换的逻辑、道义互惠和再分配模式。实质主义者之所以要区别对待工业化和非工业化经济，是因为在资本主义语境中的"商品"和非资本主义语境中的"礼物"之间具有鲜明反差的意义。法国人类学家莫斯的经典《礼物》一书，对资产阶级社会中商业个体利益与礼物的利他主义之间的对立关系表示了质疑。在他看来，市场合同与礼物两者结合了自我利益和社会义务，是普遍的交换逻辑的组成部分（Mauss 1970）。

人类学家萨林斯（Sahlins）于1972年出版了《石器时代经济学》一书，虽然在论述道义互惠、再分配和市场交换时深受波兰尼的影响，但显然有意试图终结当时陷入僵局的形式主义和实质主义二元论之争。在书中最为出彩的"原初的富足小康社会"一章中，萨林斯写道："由于情形所迫，渔猎采集者在客观意义上的生活水平是低的。但就他们的生活目标和合适的生产方式而言，要满足所有人的物质需求，不是件难事……世界上最原始的人群没有什么财产，但他们并不贫穷。贫穷既不是微不足道的物品数量，也不只是手段和目标之间的关系；归根结底它是一种人与人之间的关系。贫穷是一种社会地位。因而贫穷是由文明发明的。"（Sahlins 1972:36-37）这段话表达了萨林斯对前工业化时代经济生活状态的一种"人类学想象"和历史洞见，一种超越二元论束缚的境界。此外，他在书中提出的极具创意的三大道义互惠（reciprocity）交易模式（Sahlins 1972），其适用性和普遍性远远超出"初民社会"的范围，完全可以为观察和解读当代市场经济条件下人际互动和礼尚往来的行为，如慈善馈赠、义工服务和礼品交换等，提供跨文化比较的框架。毫无疑问，萨林斯的"文化转向"提升和拓展了当代经济人类学研究的视野和境界。

自 20 世纪下半叶以来，经济人类学者不再纠结于形式主义和实质主义两大流派之争，开始更加关注与生态、人口和文化因素相关的生产模式、所有权、分配、交换和消费及其对经济选择、风险和消费偏好的影响。除了质性数据之外，他们也通过跨学科合作的研究途径来收集量化经济数据来解释经济选择和体制的运行方式。相较于前资本主义社会如何组织和发展经济之类的经典议题，人类学者更加在意前资本主义经济在全球化和市场经济影响下如何发生变化和转型。此外，还有一些人类学者在博弈理论和其他模式的基础之上，尝试用心理实验来评估人们如何进行经济决策，试图发现在多大程度上经济决策是取决于理性算计，还是受制于"情绪"因素。此外，在全球化和地方转型的大背景下，人类学者在族裔多元化语境中进行的田野探索和民族志文本写作，议题日益繁杂，已经开始突破传统经济人类学的理论取向、研究路径和观察视角。

从 20 世纪 60 年代到 70 年代开始，随着制造产业不断地从美国转向劳动力低廉地区，原先主导协调本土大公司企业、劳工和政府合作关系的福特主义模式逐步瓦解，最终被"灵活积累策略"所替代（Harvey 1989），西方国家的普通大众在资本主义建设中的角色也从生产者转向消费者。经济全球化过程中的这一变化也使跨学科视域内的消费文化研究成为商业人类学理论探索和深化的契机。人类学者通常将不同社会形态中的消费模式分为"极简主义"和"消费主义"两种类型。"极简主义"消费模式主要存在于渔猎采集社会（foraging society），其特征是：消费需求简单而且有限，获得方式具有极强的可持续性（Lee 1979）。而"消费主义"模式的特征是需求繁复，满足需求的方式多种多样，是殖民主义、全球化和其他形式的扩张主义得以产生和蔓延的助力。在着眼于田野体验的人类学者看来，消费不单纯是经济行为，而是人们使用物品和服务而产生意义的文化和社会过程。与经济学者一样，人类学者承认需求的物质基础，但更加强调需求恰恰是由物品促生的社会关系的一种反映，并且定义了社会认同，也就是说，消费的基本功能在于制造意义，而不是满足需求（Sahlins 1976；Douglas and Isherwood 1978）。处于不同社会阶层的消费者通过选择不同的物品，来建构属于他们自己的意义世界。著名人类学家道格拉斯（Mary Dauglas）与计量经济学者爱舍伍德（Baron Isherwood）共同完成《商品的世界》一书，对不同经济制度中购买以及购买互享行为对于当事人的意义，做了详尽阐述。在这部跨界力作中，人类学者在批判新古典主义经济学的同时，也指出了人类学者对主流经济学所存有的专业偏见。在消费人类学的视角内，两位作者展示了商品对人群具有分类、归纳、排除、识别、认同以及在有意无意间将远近不同的群体连结在一起进行交流的社会功能（Douglas and Isherwood 1978）。消费对于人群和等级区别的意义，不仅仅在于用于消费的物品，也包括消费发生的场所。以研究物质文化和大众消费见长的英国人类学家丹尼尔·米勒（Daniel Miller）在《购物、场所与身份认同》一书中强调了购物场所的文化意义，认为场所不仅仅是机械的、无意识的对历史进程的反应，或曰一种"话语"，它们作为其所属时代价值观念和社会结构的鲜活印证，得益于特定群体在实践过程中对其的创造与保持（Miller 1998:187）。①

　　近年来人类学家将资本主义语境下的商品和市场作为田野凝视对象进行

---

① 由于篇幅所限，笔者无法在本文中对米勒近年来在物质文化领域的丰富著述做出全面的评论。

历时性和共时性研究，已经蔚然成风。已故人类学家西敏司（Mintz）于 1985
年出版的《甜与权力》一书在多学科的视角内，重构蔗糖从生产、分配、交
换到消费的发展轨迹，进而探讨了这一寻常食品从宫廷奢侈物到大众消费品
的演化过程（Mintz 1985）。西敏司着力探索蔗糖在西方社会和文化生活中的
功能和意义的转变，进而揭示了其商品化本身与殖民主义和垄断资本主义发
展扩张之间的紧密关联性，为进一步讨论"资本主义世界体系"中边缘与核
心区域之间不平等关系（Wallerstein 1974），提供了一个综合田野经验和历史
想象力的生动案例，成为后辈学者在教研实践中群起效仿的模板。乔治城大
学人类学者泰丽欧（Terrio）于 2000 年出版的民族志《手工创制法国巧克力
的文化和历史》在延续西敏司开创的食品人类学叙事传统的同时，试图通过
对手工创制经典巧克力的研究，来考察品味的社会生产过程，并与包括布迪
厄等前人在内的消费理论进行基于实证的对话。值得一提的是，西敏司独辟
蹊径的蔗糖研究不仅为泰丽欧的田野研究提供了灵感，还催生了她在乔治城
大学讲授的一门以"瘾性食品"（drug foods）社会属性为议题的高级研修课
程。该课程将蔗糖、咖啡和巧克力这三种常见食物为棱镜，通过探究它们的
生产、交换和消费来获得研究工业资本主义和殖民及后殖民社会建构的历史、
政治、经济、地理和性别等多重视角。这三样食品与可持续发展、土地所有
制、国际贸易、国家政治和全球性认同等议题有着密不可分的关系。通过检
视"瘾性食品"的耕种、制作处理、销售、广告和消费，人类学者得以追溯
和分析食品消费模式和它们在家庭、社区、商业、文化区域以及国际语境中
使用和交换所蕴含的复杂意义。

　　除了西敏司之外，阿帕杜莱（Appadurai）是 20 世纪另一位在物质文
化、消费实践和全球化研究领域取得跨学科瞩目成就的人类学者。他于 1986

年主编《物品的社会生命》（*The Social Life of Things*）一书，力图在历史人类学的视角下展示物品作为价值的承载者，是如何在流通过程中穿越不同文化语境中的交换网络而发生路径偏移（paths and diversions），从而获得不同意义的社会生命（Appadurai 1986）。在书写物品流动的"社会传记"（social biographies）过程中，人类学者必须扬弃其惯常使用的标签式二元论（如礼物–商品和市场–非市场）。阿帕杜莱始终保持着对物品流动的路径及其偏移的浓厚兴趣。在 1990 年发表的《全球文化经济中的断裂和差别》一文中，他借助一整套有关"景"（scapes）的隐喻来特指全球化研究值得关注的五大维度，即：族群景观（ethnoscapes）、技术景观（technoscapes）、金融景观（financescapes）、媒体景观（mediascapes）和意识形态景观（ideoscapes），展现出一幅迥异于单一中心–边缘世界体系中单向西方化（文化变迁）的田野图景（Appadurai 1990）。在阿帕杜莱看来，资本、货品、信息和人群的流动发生于五大维度的断层之间。他所提出的"景观"互相关联，为观察和认识逾越传统边界的文化全球化所代表的"非地缘化"的力量以及特定地方性的形成，提供了分析框架（Appadurai 1996）。阿帕杜莱的全球化研究独树一帜，其主要特色在于注重思想的跨界流动及其过程、个体和群体层面的全球化体验以及对于全球化的想象。这对于 21 世纪从事商业人类学研究和实践的专业人士来说，有着不容置疑的学理价值和现实意义。

二、学以致用的商业人类学

　　经过专业训练的人类学家能否在大学或博物馆之外找到用武之地？这是一个有关人类学家有无能力、特长、勇气和志趣运用本学科的知识和经验，服务于象牙塔外的现实世界的问题。这也是笔者十多年前在美国乔治城大学讲授"人类学导论"课程期间，在为来自不同专业系科的学生解惑答疑时无法回避的一道"考题"。为了应对这类难题，笔者开始关注美国的大学本科生，出于未来就业求职的考虑是否会表现出有规律可循的专业偏好。的确，在咨询公司定期发布的美国大学生青睐专业排行榜上，名列前茅的无疑是会计和经济学等专业，而人类学和艺术史往往处于倒数的位置。然而，随着对美国高校学生日常生活的进一步了解，本人发现了一个有趣的问题：对于美国学生来说，如果不考虑就业前景，那些排行榜上的"青睐"专业实际上非常乏味，一点也不酷，而像人类学这样看起来不受青睐的专业，不但生动有趣，而且是绝对的"酷"。在哈佛等北美名校，文化人类学始终是学生们首选的通识课程。在 20 世纪 90 年代，本人的博导华琛（James Watson）在哈佛核心教程部主授的"中国亲族"（Chinese Kinship）和"饮食文化"（Food and Culture）就是人类学最热门的本科生课程。

　　那么，如何能让学生们认识到人类学作为一门"酷"的专业，实际上还具备着亟待开发的潜能以及学以致用的价值？我在当年的做法就是在学期最后一堂课，放映一部由美国人类学学会下属的全国人类学实践联合会于 1993 年摄制的《人类学家在工作：不同凡响的职业》（*Anthropologists at Work*）。该片真实记录了来自人类学四大分支（体质、语言、考古和社会文化人类学）的专业人员在不同机构进行研究工作的情境，涉及从法医人类学到医学人类学、森林人类学、工业人类学和国际发展等多个应用人类学门类。应用人类学者活跃于刑事侦探、公共健康、国家森林公园和国际开发署，以自己的一技之长来解决实际问题，获得的成就感和愉悦感丝毫不亚于在象牙塔内著书发文立说的人类学同行。在片中，最出彩的无疑是受雇于底特律著名汽车公司的商业人类学者布洛迪（Broidy）。布洛迪的雇员身份使她有可能在公司从车间到管理和研发部门进行具有时效性的参与式观察，在尊重伦理的前提下将她的发现以图解示例和匿名叙事的方法，与当事人进行分享和沟通，从而解决了三个部门之间由于文化、族裔和阶层差异而造成的交流沟通问题，避免了随时可能发生的矛盾和纠纷。她合理利用了自己的"局内人"视角，对公司运行过程中存在的问题进行分析，为决策和管理层及时协调与其他各部门的关系，提供重要的第一手资料和参考意见。

从20世纪80年代中期开始，有越来越多的人类学新晋博士主动选择以应用人类学者的身份寻找象牙塔以外的职业。在美国商业人类学重镇韦恩州立大学任职多年的巴芭教授预言应用人类学的快速增长，其存在价值和对于学科发展的作用必将得到学界的正式承认，并因此成为与文化、体质、语言和考古相提并论的第五大人类学分支（Baba 1994）。美国大学教职日益稀缺的现实，让一部分人类学博士走向应用实践之路。但据笔者了解，这决非唯一的动因。正如《人类学家在工作》一片所示，促使应用人类学者做出职业选择的，更多的是想利用自己的知识技能来造福社会和改变世界。对于校园之外的商业领域来说，持有人类学博士学位的求职者具有显而易见的两大优势，首先是对于日常生活的关注和热情，其次是对于文化差异的敏感性和包容度。基于田野体验的人类学定性材料为市场调查必不可少的定量数据增加了细节，赋予其在真实世界中的深度与意义，有利于产品设计者从消费者体验的立场出发，特别是他们的喜好、体验价值取向和行为模式。近年来应用人类学家开始在北美商业部门担任对从事国际贸易和开拓海外市场的公司人员的培训任务，使受训员工始终保持对异文化的敏感性，并以平等和宽容的态度来对待在日常工作中所遭遇的文化差异问题。

进入21世纪，商业人类学在北美有了长足发展，部分高校开始设置商业人类学的研究生项目，同时人类学也是受到国际商业专业本科生青睐的重点学科。由人类学者菲拉罗（Ferraro）撰写的《国际商业的文化维度》也成为国际商业本科专业的热门教材（Ferraro 2006），在客观上起到了在商学院教学中普及人类学常识的作用。2003 年，应用人类学者乔丹（Ann T. Jordan）以教科书格式写成《商业人类学》一书，对这一应用人类学的重要分支学科的成形，做出了开创性的贡献。乔丹在书中将商业人类学细分为以下三大领域：（1）组织人类学，如研究跨文化环境中的员工管理；（2）研究市场和消费者行为；（3）产品服务设计，如用户体验。在该书的 2013 年新版中，作者专设章节，对商业人类学研究的伦理、全球化和整体视野进行了重点论述和反思（Jordan 2013）。尤其值得关注的是，作者在书中对经院人类学家阿帕杜莱、米勒和贝斯特（Bestor）等在商品流动、消费文化和全球化时代市场实践的应用价值，做了精到的评述（Jordan 2013:75）。

　　面向 21 世纪的商业人类学无论是从学术角度，还是应用层面都有着令学界内外有识之士进一步想象和重构的空间。在深度全球化和地方转型加速的语境之中，商业和技术人类学势必成为国际应用人类学界最具发展潜力的分支学科。2012 年 5 月 17 日召开的中山大学国际工商人类学大会，无疑是商业人类学开始植根于中国的一个里程碑事件。此后田广和张继焦两位教授在学科发展过程中所做的贡献也得到了国际学界的关注（Jordan 2013:21）。随着包括广大发展中国家新兴市场（emerging market）的崛起，世界各地的人们紧紧联系在一起，绝对孤立的"初民社区"不复存在。而中国在世界政治和经济格局中的举足轻重的角色，也使得笔者和同道们在复旦大学有可能通过不断的田野实践和理论探讨，拓宽商业和技术人类学的外延和内涵，使其成为一种既能服务于变革和创新目标，又具有实际应用价值和学理洞见的研究方法和模式。

三、复旦经验：熔学理与应用于一炉的商业和技术人类学

从 2006 年春笔者结束旅美学习生活海归复旦大学社会发展与公共政策学院起，就将商业和技术人类学定为学科发展的一个着力点，并通过结合以往的田野经验，在教研实践中和同事们一起逐步确立了以下路径：从经济人类学经典理论起步，整合现有人类学者在交换、分配、消费文化、全球化和地方主义的研究成果，同时通过在田野实践中寻找新的微型民族志案例并加以分析，为进一步的系统研究提供新的分析框架和视点，并在此基础上，对经济人类学家有关交换、市场、分配、货物交易及崇拜等经典研究进行重新思考和阐释；结合当代中国实际，对工业社会企业文化研究代表作，尤其是应用人类学的典型案例进行研讨和分析。

上海作为国际大都市的独特地理和人文环境，使笔者在构建复旦商业人类学的过程中开始重新思考理论和应用二元论存在的合理性。首先，笔者在哈佛攻读博士和毕业后在华府任教的十年间，逐渐意识到：自然科学内普遍存在的纯理论和应用之间那种泾渭分明的界限，在人类学和社会科学内部或许会变得模糊不清。比如说，像马克思这样思维敏捷和充满想象力的"扶手椅人类学家"，完全有可能对异化劳动等现象做出精准的分析和开创性的研究。同时，应用实践的主要目标虽然不是建构理论，但理论始终是应用过程中一个不可或缺的组成部分。无论是作为一种工具还是产品，人类学理论不但为田野观察的实施提供了机制，而且是认识现实世界的基点。其次，应用人类学者通常是在跨学科的条件下进行实际工作，因而有更多的机会来验证已有的理论假设，并且在研究过程中根据解决问题的需要来选择合适的理

论框架。比如说，受雇于《金融时报》的人类学博士泰德在对"摩根黑手党"（Morgan Mafia）进行田野调查的基础上，完成了令华尔街金融家们敢怒而不敢言的《蠢人的黄金》，成为对 2008 年华尔街股市崩盘的最早的预警者之一。在笔者看来，就对于公众的影响力而言，活跃于学术圈外的"应用"人类学家泰德丝毫不亚于以《债的历史》一书而声名鹊起的学界新星格雷伯（Graeber 2011）。

　　2008 年的全球性金融危机在相当程度上催生了欧美顶级商业学院课程改革，对企业伦理、商业道德和社会责任感进行反思和批判的教学需求更为突出。与此同时，包括哈佛商学院在内的许多一流专业院校的工商管理硕士（简称 MBA）课程已经无法适应全球化时代商业实践中发生的变化，尤其是中国崛起这一改变世界经济格局的现实挑战。无论是对学者还是商界人士，商业实践的文化维度正在显现出其不容忽视的重要意义。人类学和社会学的视角和研究手段正在重构常规的商业调查路径、方法和思路。从 2008 年秋季学年开始起，笔者在复旦大学开设以国际学生为授课对象的全英文课程，使面向本科学生的商业人类学教学实践有机会接受实战考验。因应学生多元化的现实，笔者在课程教学过程中力图保持多样化和生动化的特色，通过启发性讲解、问答互动、小组讨论、田野情景模拟、学生项目展示、市场观察、课程报告以及《商业人类学与中国演讲》嘉宾讲演系列等方式，使复旦商业人类学课程教学在全球化和地方转型的新时代获得了新的助推动力。

　　在 2006 年到 2009 年期间笔者有机会主导复旦人类学跨学科团队，先后与英特尔公司产品定义平台（Product Definition Platform）和微软中国研究院合作进行了"中国农村信息交流技术（ICT）与日常生活"和青年文化微型民族志研究项目。这两次短暂的跨界合作，使笔者有机会在特定的地方语境中，逐步积累起适用于不同场域的调查、数据收集和分析手段，如快速研究法、全天影随式观察、深度访谈、个人生活史以及经过变通的焦点小组和社区参与式调查等与常规商业调查方法大相径庭的田野工作方法。在此基础上，笔者在 2009 年到 2010 年期间与研究生洪浩瀚（毕业后曾在阿里巴巴公司担任用户体验资深研究员）对上海从事麦当劳快餐业的员工（"麦工"）进行了田野调研。在 2010 年上海世博会期间，本人通过与美国密苏里大学资深人类学者包苏珊（Susan Brownell）以团队研究方式在世博场馆和不同园区所进行的综合短时段定点观察、即兴闲聊、访谈文本分析等数据采集方法，力图呈现包括义工、工作人员、实习人员、官员、游客和记者等角色的声音和观点。这一多维度的实验性探索，为实地调研上海城市转型发展中出现的新的场所和社区，预想可能遭遇的困境和挑战，甚至设计兼具趣味性和实用性的课题，提供了可资借鉴和解析的田野案例，同时也使本人所在团队日臻完善的一整套定性研究方法和技巧，得到了在不同场景中移植和变通的机会。

　　我们完全有理由相信：在现有的国内学科格局之下，有的放矢地借鉴他山之石，以当代人类学前沿理论为指导原则、以课程设置为知识技能的传导窗口、以项目实施为方法运用焦点，拓展在理论和实践均具前瞻性的复旦商业技术人类学的研究和教学，对于打破困扰国际应用人类学界已久的学术探索与应用实践脱节的僵局，通过接地气的田野民族志实践来讲述 21 世纪商业人类学的中国故事，具有无可辩驳的意义、价值和功用。

参考文献

Anderson, Ken. 2009. Ethnographic Research: A Key to Strategy. *Harvard Business Review* (March 2009).

Appadurai, Arjun. 1986. *The Social Life of Things: Commodities in Cultural Perspective.* Cambridge University Press.

1990. Disjuncture and difference in the global cultural economy. *Public Culture* 2 (2), 1–24.

1996. *Modernity at Large: Cultural Dimensions of Globalization.* University of Minnesota Press.

Baba, Marietta L. 1994. The Fifth Subdiscipline: Anthropological Practice and the Future of Anthropology. *Human Organization* 53: 174–86.

Bourdieu, Pierre. 1984. *Distinction: A Social Critique of the Judgment of Taste.* Harvard University Press.

Douglas, M. and Baron Isherwood. 1978. *The World of Good*s. Penguin.

Ferraro, Gary. 2006. *The Cultural Dimension of International Business.* Pearson Prentice Hall.

Graeber, David. 2011. *Debt: The first 5,000 years.* Melville House.

Harvey, David. 1989. *The Condition of Postmodernity:An Enquiry into the Origins of Cultural Change.* Oxford: Blackwell.

Hertz, Ellen 1998. *The Trading Crowd: An Ethnography of the Shanghai Stock Market.* Cambridge University Press.

Jordan, Ann T. 2013[2003] *Business Anthropology.* Waveland Press.

Lee, Richard D. 1979. *The !Kung San: Men, Women, and Work in a Foraging Society.* Cambridge University Press.

Hogbin, H. I. 1934. *Law and Order in Polynesia: A Study of Primitive Legal Institutions.* Christophers.

Mauss, Marcel. 1970. *The Gift.* Cohen & West.中译本：《礼物》，上海人民出版社，2002年版

Miller, Daniel, Peter Jackson, Nigel Thrift, Beverley Holbrook and Michael Rowlands, 1998. *Shopping, Place and Identity.* Routledge.

Mintz, Sidney. 1985. *Sweetness and Power.* Penguin Books.中译本：《甜蜜与权力》，商务印书馆，2010年版

Polanyi, Karl. 1958. The Economy as Instituted Process, in K. Polanyi, C. Arensberg and H.Pearson (eds.). *Trade and Markets in the Early Empires.* Free Press.中译本：《大转型》，浙江人民出版社，2007年版

Sahlins, Marshall. 1972. *Stone Age Economics.* University of Chicago Press.中译本：《石器时代经济学》，生活·读书·新知三联书店，2009年版

1976. *Culture and Practical Reason.* University of Chicago Press.

Tett, Gillian. 2009. *Fool's Gold: How the Bold Dream of a Small Tribe at J.P. Morgan Was Corrupted by Greed and Unleashed a Catastrophe.* Free Press.

Terrio, Susan J. 2000. *Crafting the Culture and History of French Chocolate.* University of California Press.

Wallerstein, I. M. 1974. *The Modern World-System: Capitalist Agriculture and the Origins of the European World-Economy in the Sixteenth Century.* Academic Press.中译本：《现代世界体系》（第1至3卷），高等教育出版社，1998年版

Watson, James Lee. [2006]1997. *Golden Arches East: McDonald's in East Asia.* Stanford University Press. 中译本：《金拱向东》，浙江大学出版社，2015年版

目录

商业人类学是什么

田野现场

短书评

讲座资讯

对话

商业人类学是什么

"合作"民族志的兴起：全球化语境中
市场研究方法的新兴试验

● 朱剑峰　董咚

【摘要】合作民族志田野研究是人类学对当下市场、环境、安全危机频发的全球化时代回应的一种新兴试验。合作民族志是 1995 年乔治·马尔库斯（George Marcus）所提出的多点民族志的延展，它受到法国哲学家德勒兹和瓜塔里的"块茎"（rhizome）和"聚簇"（assemblage）概念启发，颇受人类学界研究全球经济的学者和生态学者的青睐。松茸世界研究团队历时多年在北美、日本、中国、韩国开展的对松茸的研究成为合作民族志的典范。然而，合作民族志在日益兴起的同时也经受着学科机构设置、资金来源、不平等权力关系等多重制约。

【关键词】合作，民族志，块茎，聚簇

　　市场、国家、生产者、消费者、营销者界限的进一步融合，全球化经济对地域界限的进一步消融，给作为人类学生存之本的民族志田野研究带来了巨大的挑战。从乔治·马尔库斯 1995 年提出多点民族志至今，无数人类学家都在对新型民族志和人类学家在"田野"中的角色进行新的探索。与此同时，随着新自由经济的突发性危机事件的出现，比如 2008 年美国和 2011 年日本的金融危机，人类学家也不断以文化顾问的新兴职业者身份，加入到对市场中"文化"问题的诠释中。越来越多的市场调研咨询公司表现出与人类学家进行项目合作和开展合作研究的意向。作为文化批判者的人类学家不断介入技术、环境、经济、市场领域，正在成为名副其实的市场合作者，而非以前简单的参与观察者。本文借鉴当今人类学界对合作研究的学术讨论，对合作研究方法的缘起、哲学基础、民族志实践及其面临的现实问题进行初步探讨。

一、合作试验的缘起

合作（collaboration），作为一个社会概念，并非不言自明，它在不同的具体情境中被不断地建构、演化，并通过不同的形式被不同的主体实践着。合作要求将处于不同集合和层次相互联系的行动者不断地聚合起来。近年来，人类学文献中使用"合作"概念的主要有以下几个层次：一，研究者和研究对象的合作，这是民族志的传统，合作标志着对主体间性的公开承认和强调；二，研究者和其他领域的专家合作，多见于医学人类学领域，是 20 世纪 90 年代后对科学技术的关注的产物，医学人类学季刊中存在大量的公共卫生临床医学专家和人类学家共同署名的作品，在实践中合作研究的课题也多为"合作项目"，人类学家在这种合作研究中的定位具有双重身份，即应用和文化批判；三，人类学家和人类学或者相关社会科学和人文批判研究领域学者之间的合作。这种合作形式尚处试验阶段，但是相对于前两个层次的合作，这种合作更具有创新性，因为全球新自由主义经济的扩张，这种合作在扩大认知的深度上更有优势，也是本文关注的对象。

　　有学者认为合作研究也是适应目前所谓"合作经济"[1]——"更倾向于使用而不是拥有"的经济形式的需要而出现的一种研究方法。它强调的是后金融危机时代的"他者"进行工作的理念，也是一种新兴的"制度和思考模式"。合作和协调（coordination）不同，它倡导的不是专业化的划分、各司其职的集体劳动，而是一种融合一体的互动发展。自然科学、医学等所谓"硬科学"领域中的合作事实上应该是一种协调，因为其模式是基于揭示事物客观真相的共同目的，新的方法和新的角度几乎不会改变研究目的和问题，不同的研究者在这些大的前提下进行专业分工合作并协调方法，因为"真相"的多面性要求不同的角度和方法，但是大的"客观性"是不变的。这种合作前提也是很多市场、经济、金融研究的假设。但是，这种分工合作的协调和本文所述的合作有着本质上的不同，它强调的不是专业划分，而是去专业化，研究目的也不是对"客观现实"的揭示与理性的解释和推测，而是一种实践上的摸索。这种去专业化、质疑理性的趋势是由于新自由经济包括环境和金融危机爆发后，大众失去了对专家的信仰，比如大数据的兴起，即穷尽一切可能的工具搜集市场上能够搜集到的信息，但不做分类、取样、模拟、模型，也是一种对以往专业分工和专家研究假设能力失去信心的反映。[2]

　　虽然现在合作正在成为诸多研究领域打破学科界限的方法而方兴未艾，但它在各个学科，尤其是社会科学和人文研究中的合法性取得并非一帆风顺，而是仍然在进行中——人类学也不例外。和科学界不同，人类学界一直以个体的智力劳动作为衡量一个研究者的标准，对个人田野经历、民族志专著和单独作者有着恋物般的倾向。尤其是将田野研究作为一种质性研究方法论述的时候，很多传统学者仍然坚信"研究者本人就是研究工具"。不同的研究者有不同的研究视角和解释框架，因此很难实现合作。比如格尔茨生前就拒绝以合作的形式，承担一些学科发展的责任，现在看来应该是一种损失，因为"系统性地拒绝种种责任和社会关系，尽管可能让人无债一身轻，但是正如布迪厄将自己从交换的圈中排除出去，而在交换的圈内，社会关系正是通过礼物给予和还礼的不断推迟，并从不终止这样的循环而得以加强和巩固的"。[3](P52) 所以"无债"的状态并非理想的社会关系。而这种合作的"债"是人类学不可或缺的组成部分。正如乔治·马尔库斯所述："合作一直以来都是个体田野项目的一个不可或缺的组成部分……但是合作从来也没有被认为是人类学整体文化方法的显著方面和标准规则。比如，判断一个田野工作者的工作质量，人类学从来不会看他的合作的质量和他对合作的管理能力。"[4](P29) 但是，今天，各种形式的合作已经迅速成为田野工作的中介和目标。

不同于其他学科的潜在生命力是它本身的研究场域，在人类学中，文化即是人类学家和他们的对话者之间互动的产物。斯特拉森（Strathern）[5] 指出，人类学学科的重大贡献就是将研究者和被研究者之间的社会关系转化成为一种分析关系。人类学对主体间性的强调也是合作的认识论基础。从根本上看，人类学所有生产出来的知识都是和它的研究对象合作完成的。在这个意义上，人类学也最具反权威性。纵观现代人类学发展历史，批判民族志权威作品伴随着学科的发展屡见不鲜，并成为学科发展的动力之一。对于人类学而言，合作绝对不仅仅是一个工具和形式，从方法论和认知论层面上看，它是学科知识的立足点。因此人类学是迄今对研究问题最为开放和灵活的一个学科，它对田野中的相遇和互动秉承尊重的态度。笔者在本文中所讨论的合作不应该是一个简单的求同存异的参与形式，也不仅仅是各方提供各自"专家知识"来解决现实问题的平台，更不是以往批判人类学家惯常用以搜集文化批判的附属项目。合作是一个跨界的平台，是正在进行中的一种理论搭建，是来自于不同领域的"专家"对自己"专家知识"的一种反思平台，这种合作应该是带有浓重"去专业化"的自反性。人类学家应该在这个合作所搭建的田野中，重新思考，批判以往自己赖以为生的民族志研究工具，探索更多可能，消融历史形成的某种分割。从 20 世纪 90 年代"写文化"争论以来，人类学家开始进行各种民族志研究和写作实践的试验。大家积极尝试参与包括信息工程、生命伦理、生物医学技术以及艺术设计等不同领域的合作，尽管有成功也有失败，但是这种对他者的融合和对自我的反思，正是人类学特有的开放气质。

二、合作的哲学基础

"块茎"，是法国哲学家德勒兹和瓜塔里在他们合著的《千高原》中提出的一个哲学概念[6]，也可以被理解为一种比喻，用来改变过去的认知体系中根深蒂固的二元论，比如主体客体，原版拷贝，事实解释，主观客观等等。过去的认知体系是以树作为隐喻的，讲究源起、线性发展，而"块茎"的提出革命性地动摇了这种认知方式，他们希望为多样性（multiplicity）提供哲学想象空间。我们可以想象一下这一类"块茎"植物，比如人参、生姜，它是没有垂直的高下等级的，是水平方向上的连接，无根无茎，无枝无叶，无始无终，从而"无机"、"无极"、"无迹"。这样的一种文化模式，从开始就反对"组织性的结构"，反对追求"本源的根"或者是"不加反思的所谓事实存在"，永远都是正在"生成中"（becoming），而不是"本体的存在"（being）。除此，德勒兹和瓜塔里还借鉴了生物学的互惠共生论（Mutualism），用兰花和黄蜂为例，说明不同种类的生物之间的接触产生出的多样性。生物界中存在兰花和黄蜂直接互相生成的现象，即兰花可以释放出"非兰花"，被黄蜂当作雌蜂进行繁殖，同时黄蜂也被兰花当作生殖器官的一部分加以利用。这"是一种正在生成兰花中的黄蜂和正在生成黄蜂中的兰花"。[6](P10) 它们互相生成，结成"块茎"。这是两个异质元素共生并双向生成的一个例子。当然我们可以去探究其更深层的哲学意义，不过对笔者而言，这是一个描述合作关系的恰当比喻。合作中的异质元素——不同学科、不同目的、不同工具——都处于生成中，比如生成中的田野，生成中的文化，生成中的人类学家。德勒兹和瓜塔里将"块茎"作为一种诗学而不是概念来理解——"一种多样性本体论的诗学"。它提供的是不同于以往的一种本体论的可能。"块茎"强调连接（connection）、异质性（heterogeneity）、多样性，而且赋予空隙（rupture）积极的意义。块茎植物还有一个非常重要的特点，即使把它砍断了，它也会生长，而且看不出被砍的痕迹，有生成的轨迹，但又无法预测生成的结果，因此永远都是"生成中"的。这些特点恰恰适应了开展合作研究全球化市场的需要。融合但又独立发展，相互生成但又保持异质，碰撞但不冲突，交汇处即是"块茎"。合作各方保持开放和好奇的心态，松散型无结构地汇集，正是这种连接的实现。这种合作，更好地包容了各种力量，为各种潜在可能提供了生长的空间。

"聚簇"，是德勒兹和瓜塔里在同一本书中发展的另外一个重要哲学概念。和"块茎"相同，它也是反结构和反线性发展的。它是对社区等群体聚居状态进行固化边界理解的反叛。很多社会科学家将之称为聚集理论。它启发人类学家聚焦的问题不是简单的描述一个"在一起"的状态，而是包括人在内的不同物种聚集后之间如何互相影响、相互生成。聚集是一个开放的体系集居状态，提供了多样性生成的时空。它所代表的不是以往所理解的历史决定性，而是一种偶发的、突变的非决定性，正像危机不是系统失调而是生存的条件一样。聚簇中充满了无意中的偶遇。这和网络不同，它强调的不是目的和理性。但它不仅排斥政治经济学的批判，也把这种批判带入各种不同的物种中，产生于不同政治经济模式下的生物体在聚簇中相遇，这对人类学研究提出的问题在于，如何将简单的相遇转变为新的可能的发生？如果把块茎作为一种知识的产出形式，笔者更愿意将聚簇理解为人类学对当下"危机时刻"成为常态的应对，是新型民族志田野分析和写作实践的一种试验[7]。它和拉图尔（Latour）的行动者网络理论（ANT）相似，但是更加形象，更具有颠覆性。这也是很多从事科学技术批判研究[8]、全球市场研究的学者[9]对它青睐的原因。医学人类学家劳伦斯·科恩（Lawrence Cohen）和南希·谢柏-休斯（Nancy Scheper-Hughes）1999 年开始了 Organ Watch 的项目，在全球聚簇（Global Assemblages）理论框架下，分析了包括器官捐献者、供给者、购买者、中间商、接受移植者等各个主体通过不同的政治经济技术规则联系的新的全球器官市场，他们的案例成为以往全球抽象／地方具体两分法的替代，我们在这里看到的是各个具体因素的聚簇。

三、从多点民族志到合作民族志试验

1995 年乔治·马尔库斯首次提出了多点民族志（multi-sited ethnography）的概念，用以回应全球化人、物、技术、意识形态跨国界流动对传统单点民族志的挑战。[10]对流动的人员、事物和概念的追踪，将涉及的多个地点连接起来进行参与和观察，重新审视了传统"本地"和"全球"、"生活世界"和"外部系统"等二元划分的概念。近年来，对跨国市场、世界系统和移民的多点民族志研究更是硕果累累。但是，多点民族志在实践中却面临着种种实施困境。比如研究者对每个点的时间分配问题，因为在一定时期内完成多点的田野工作，研究者不可能在一个点上长期浸入。在不同的田野点之间奔波，必然会在深度了解当地人和他们的社会关系上大打折扣。尤其是研究国际市场，涉及生产、运输、销售、市场、调研、组织管理、咨询、品牌推广以及消费者等方方面面，要初步了解已经高度专业化的各种领域的知识体系，掌握与自己报道人的语言交流，在短时间内几无可能。也正是由于田野工作实施的困难和写作对"流动性"的表现形式的要求，使得高质量的多点民族志可谓凤毛麟角，民族志或沦为简单的几个田野点浅描的累加，牺牲应有的深度，或仅仅以"多点"的名义从事着单点的工作。① 多点民族志对全球市场、跨界流通的研究优势不言自明，但是如何解决"孤独的田野工作者"人手和精力不足的问题？人类学家一定要通过"独唱"的形式才能维系自己的权威体系吗？正如后金融危机时代中，经济学界对文化问题的关注、对专家体系理性思维的反思相同，人类学家也开始尝试扩展自己的研究工具，试验合作研究的可能。

2009 年，以美国加州大学圣克鲁兹分校人类学教授罗安清（Anna Lowenhaupt Tsing）为首包括美国和加拿大两国六位人类学和地理学领域的学者，在《美国民族学家》（*American Ethnologist*）杂志上以世界松茸研究团队（Matsutake Worlds Research Group）的名义发文，"A new form of collaboration

---

① 近年来在新的生物技术社会文化研究领域内，欧洲的学者专业培训来自亚洲不同国家的博士研究生，进行田野数据的搜集，最终整合成一种类似于案例比较研究形式的人类学作品。这种师生合作联合发表的学徒式合作方式在欧洲和中国的应用比较广泛，对于美国人类学界接受起来还是比较困难。或许这是一种多点民族志的变形，但笔者对此并不以为然。这是一个尚待深入讨论的问题，超出了本文能及的范围。

in culturalanthropology: Matsutake worlds",[11]为文化人类学家提供了一种新颖的合作试验，无论是其采用的资料搜集方法还是论文的写作方法，都让人耳目一新。文章是以研究团队为作者，包括五个独立部分，既有蒂莫西·乔伊（Timothy Choy）和佐塚志保（Shiho Satsuka）合作的以 Mogu Mogu 为笔名出现的小章节，也有其他四位研究者（Lieba Faier, Michael J. Hathaway, Miyako Inoue 和 Anna Tsing）以个人名义撰写的独立段落。让人欣喜的是，这种类似块茎的形式运用，和很多常见的合作形式不同，它既不是多篇单独作者独立文章整合在一起的杂志特刊，也不是一篇多名作者联合署名的学术论文。作为整体，如果隐去作者的名字，它完全满足《美国民族学家》对于研究型论文一致性和连接性的审稿要求，文章有导论，有方法，有数据，有讨论，有结语，篇幅也控制在 25 页左右。然而更为可贵的是，如果把每一个作者的独立署名的部分从整体中剥离出来，它也是一篇精致的自成体系的学术小品文：理论框架、研究对象与方法、数据分析、田野反思和讨论一应俱全，完全有独立成章的发展潜力。抛开方法论不谈，单就写作形式而言，就足以看出研究团队对"块茎"所反映的哲学理论的思考，并将其付诸实践的匠心独具。合作民族志研究成果初具雏形。罗安清将世界松茸研究团队的合作称为一直处于进行过程的合作（Always-in-process collaboration）和"强合作"（strong collaborations），以强调这种新型的文化人类学领域中合作的过程性以及在这种合作研究中对过程的关注。这种合作非常精妙地体现了"块茎"所体现的生存形态：合作是辩证的而非综合的；对不同的声音不是消融，而是展现，多重声音又恰恰是这种合作有效性和高产性的表现；合作所描述的不同田野地点，不是传统意义上的案例比较研究，而是商品流通所建立的联系，但这种联系不是消融在所谓的世界体系之内，合作的知识生产方式应当与以往概而化之、集而聚之的传统方式格格不入。时隔六年，罗安清新的民族志专著《末日松茸：资本主义废墟上的生活可能》(*The Mushroom at the End of the World: on the Possibility of Life in Capitalist Ruins*)由普林斯顿大学出版社出精装版。在前言中，作者明确指出，这本书是松茸世界研究迷你系列的开篇之作，"把它视为探险故事的序幕，它的剧情将随着相继的书——展开，对松茸世界的好奇不可能被一本书一个声音所穷尽，预知后事如何，请听下书分解"。[12](Pix)与此同时，罗安清还指出对松茸世界的展现形式将会多种多样，不仅仅是学术专著和论文，还有影视和网络世界①。

　　松茸世界团队的研究是全面的创新性"合作"试验，这不仅表现在方法论的选择、具体数据的搜集和写作技术的应用，同时也包括他们的研究对象：松茸世界本身。松茸作为一种新的跨国流通商品，其产业链连接着中国、韩国、日本、美国、加拿大等多个国家，松茸世界包括采摘者、科学家、交易者、森林管理者、市场销售者、消费者等多个行动主体。在这个网络中，合作不仅仅存在于人类学家之间、科学家与社会科学家之间、学术界与非学术界之间，也存在于人与自然界之间，围绕松茸产生的生态世界中的所有行动者都是一种合作关系，在这里，经济、政治、生态融为一体，松茸是植物、食品、商品，也是环境政策的产物，松茸研究展现给我们的是，在松茸场域中所反映出的各种力量和各个主体交会共生的一种物质、符号、社会权力关系的各种机缘巧合的"合作"。在罗安清的作品中，松茸的世界是全球市场中的一种"聚集"(assemblage)。在美国—日本的松茸供给链中，尽管松茸的采集者所形成的"独立商业"模式，强调自己的自由职业和对工业化劳动的抗

---

① www.matsutakeworlds.org

拒，实践着非资本主义的社区生存，拒绝出卖劳动力获取工资，但是由于资本主义对非资本主义劳动过程超强的利用能力，他们采集的松茸经过购买者、批量收购者、出口商、进口商等多个环节，被转化为资本主义商品，这就是所谓的残余积累（salvage accumulation）。这里的运作方式明显区别于福特主义时代的流水线分工，而是更趋向于以沃尔玛为代表的、用信息技术将散落在世界各地的不同经济模式供应的物品迅速商品化的方式。聚簇理论框架的使用，在此将经典马克思主义政治经济学批判、新兴的科技以及环境文化批判研究巧妙地结合在一起。

罗安清的民族志不仅仅让我们感受到了全球资本主义市场的灵活性和极大的生存能力，也用诗一般的语言向我们解释了松茸的文化世界——它是后危机时代的合作生存隐喻。松茸是无法人工培育的，必须依靠自然界复杂生态环境生产和再生产的一种真菌。"当1945年原子弹爆炸后，整个广岛成为一片废墟，在这片荒瘠的土地上出现的第一个生命物就是松茸。"[12](P3)它所激发的文化想象和生产的文化符号是"奇遇"、"不同纬度的连接"、"机缘"、"变废为宝"、无法控制和预测的供给以及危机中的重生。当全球频发的环境和经济危机剥夺了每一个人以往对于未来控制的安全感之后，是松茸给我们带来了自然界的礼物和生命的希望。松茸总是生长在被深层毁灭的树林中。松茸是后危机时代的隐喻。它体现的是对现代化分工控制承诺的希望的埋葬以及应对危机的合作生存模式的庆祝。合作是为了生存，但是此处的生存不是现代性所理解的个体对他者的竞争的胜利，而是对他者的生成。危机不是系统失灵的产物，而是生存的条件，危机让我们承认自己的脆弱和对他者的需求，它也让我们清楚地看到所谓"征服扩张"只不过是一种想象中的童话，历史更多的是一种被他者转变的生成。合作需要察觉和感知，而不是计算和推理——去察觉和感知微不足道的连接，去接触所生成的转变，就像松茸采摘者需要拥有灵敏的直觉去捕捉松茸存在的气息。

四、合作试验中的困难与前景

合作研究试验在人类学界的发展无疑实现了很多理论创新，松茸研究团队尝到了学术共产的乐趣，对当下鼓励滋养个人寂寞的学术体制也起到了触动和批判的作用。但是不可否认，合作尚处于试验的阶段，它所面临的困难不容忽视：首先是学术机构的相关制度限制，学术机构仍然以单独作者的论文和论著来评判衡量一个研究者的学术水平的高低，最终决定职称评定等晋级决定，这使得年轻学者的参与度降低。松茸研究团队中无一例外都是已有相当学术成就和影响的资深学者。与此相反，就笔者的观察和体验，在市场研究与咨询领域中，一些小的初创公司会更为看重集体的合作，但是随着其经济和人力资本的增加，专业化程度加强，标准的流水线作业增多，市场需求的焦虑和压力的增加，这种合作的精神和实践便日趋减弱，创新意识也随之逐渐消逝。其次，学术界各个学科的"地域"意识仍然很强，其学术评价体系（如学术刊物、作者顺序、科研项目资助来源等等规定）经常有各自不同的具体的规定，无法真正达成共识。再者，合作研究仍然会有权力关系的问题，尤其是合作者之间存在等级高低、资历深浅、经济资源多少等区别的时候。这种现实的权力关系是对合作的最大的潜在威胁。是否能够保持一种平等的合作关系，使"债"的关系良性循环，让各个合作方感受到自己和集体创作的乐趣，是合作关系是否能够长期维系的关键。当学术界和市场研究、咨询等部门合作的时候，因各自目的不同，对彼此的定位不同而缺乏共同的研究语言，最终可能不欢而散。尽管这种合作形式有着多种资源优势，也为各方提供了资金、入场、关系、信息等多种便利，但这是一种权力关系不甚平等的合作，如果不能对合作各方的不平等关系进行公开讨论，对权力方进行制衡，这种合作便存在着潜在的深层危险性，处理不好则可能最终导致学术界沦为政府和市场的共谋者，不仅无法产生有创造力的观点，而且也无法承担学者应当承担的呼吁实现社会公平正义的责任和义务，失去应有的批判立场。笔者认为对于这种形式的合作，在中国现有学术生产体系内，应该慎重取舍。权力方对自己在合作中的权威地位如果不能够自省，学者如果不能做到真正有担当，那么这种将各方紧密联系的合作应该暂时悬置。

　　人类学界的合作作为一种新兴的公开讨论的试验，不仅仅有成功的案例，也有失败的经验。但可贵的是，当前很多知名人类学家仍然在坚持探索，比如，乔治·马尔库斯与艺术家的合作，保罗·拉比诺（Paul Rabinow）[13]与科学家的合作，前者因为合作而得到了极大的乐趣，成功地举办了体验艺术展览；而后者则基于自己失败的合作经验，详细论述了他理解的人类学家对生物科学技术研究的合作贡献，即为科学家提供批判性的思考和思想工具。合作试验仍在继续，人类学家还在不断修正自己的研究工具，同时经历着从孤独的独唱者的存在到集体的创造者的生成的转换。

参考文献

［1］Chase, Robin. 2010. "The Rise of the Collaborative Economy". *Japan Times*. October 4.: http://www.japantoday.com/category/opinions/ view/the-rise-of-the-collaborative-economy.

［2］Riles, Annelise. 2013. "Is New Governance the Ideal Architecture for Global Financial Regulation？" Discussion Paper No. 2013 −E−1. Tokyo: Bank of Japan, Institute for Monetary and Economic Studies.

［3］Rabinow, Paul. 2011. *Assembling the Contemporary*. Chicago and London: The University of Chicago Press.

［4］Marcus, George. 2009. "Introduction: Notes toward an Ethnographic Memoir of Supervising Graduate Research through Anthropology's Decades of Transformation". In *Fieldwork Is Not What It Used to Be: Learning Anthropology's Method in a Time of Transition*. James D. Faubion and George E. Marcus, eds. pp. 1–31. Ithaca: CornellUniversity Press.

［5］Strathern, Marilyn. 1995. *The Relation: Issues in Complexity and Scale*. Cambridge: Prickly Pear.

［6］Deleuze, Gilles, and Félix Guattari. 1987. *A Thousand Plateaus: Capitalism and Schizophrenia*. Minneapolis: University of Minnesota Press.

［7］Marcus, George and Erkan Saka. 2006. "Assemblage". *Theory, Culture& Society* 22 (2–3): 101–109.

［8］Rabinow, Paul. 2003. *Anthropos Today*. Princeton, NJ: PrincetonUniversity Press.

［9］Ong, Aihwa, and Stephen J. Collier. 2004. *Global Assemblages: Technology, Politics, and Ethics as Anthropological Problems*. London: Blackwell.

［10］Marcus, George. 1995. "Ethnography in/of the World System: The Emergence of Multi-Sited Ethnography". *Annual Review of Anthropology* 24 (1):95–117

［11］Mastsutake Worlds Research Group. 2009. "A new form of collaboration in culturalanthropology: Matsutake Worlds". *American Ethnologist* 36 (2): 380–403

［12］Tsing, Anna. 2015. *The Mushroom at the End of the World: On the Possibility of Life in Capitalist Ruins*. Princeton and Oxford: Princeton University Press.

［13］Rabinow, Paul. 2011. *Assembling the Contemporary*. Chicago and London: The University of Chicago Press.

形成中的市场与越界的人类学：人类学参与商业研究的价值及其反身性

● 华东师范大学社会发展学院人类学研究所　朱宇晶

【摘要】最近二十多年，人类学和现代商业世界的合作日益密切。人类学参与到商业研究中产生了怎样的效果？而拓展到商业领域的田野工作，对于人类学自身的学术思考又具有怎样的启示？本文认为目前商业实践者对人类学的理解仍然受制于各种刻板印象，使得人类学在商业研究中的价值仍然是有限的；不过，随着市场环境的转变（比如从复杂市场到庞杂市场），人类学在商业研究中的价值将会受到更大的认可。在商业领域做田野研究，人类学者既要学习新技能，也要面对"杂交"所带来的认知和实践的可能性。

【关键词】蓝海战略，复杂市场，庞杂市场，大数据，矛盾的政治，杂交

最近二十多年，人类学和商业世界的交流和合作前所未有地紧密：人类学研究者从异国情调的遥远他乡回归本土，关照、重视自身社会的现代性机制及其变化，消费生活和现代市场是他们不可回避的社会情境；另一方面，与商业的合作也是人类学者在学院外寻找自身价值和职业发展的一种新尝试。与此同时，商业世界也向人类学投来了橄榄枝：管理或市场咨询公司、设计公司、广告公司、小型智库以及各种热门新兴行业（比如IT公司、金融公

司）的市场研究部门都纷纷开放面向人类学受训者的职位[1](P94)。经过二十多年的合作实践，我们不禁要问：人类学者在这种跨学科合作中扮演着怎样的角色？他们参与商业研究产生了怎样的效果？随着人类学介入商业世界越来越深，人类学的人文情怀、对差异性和多元性的理解，是否和商业世界的资本逻辑产生根本冲突？而人类学把自己的田野拓展到现代商业领域，对于人类学自身的学术研究又具有怎样的意义？本文将围绕以上议题，结合商业人类学的具体实践案例，分析人类学和商业跨界合作的现状、问题和未来可能的前景。

一、商业部门的刻板印象和人类学的有限参与

虽然很多时候，商学院的导师们、企业家都表达了需要人类学参与到商业研究中，但是对于人类学和商业结合具体能够做什么，他们是迷茫的。他们了解人类学对文化有独到的处理方式，但是对于什么是文化——他们很少有深入的认识。他们用自己学到的市场原则（比如对价格和供求的关注）、各种行为学（比如消费行为学、组织行为学）为基调形成了研究设计，然后把这些研究中的神秘前设——比如"地方性文化"留给人类学家来探索。与此同时，他们也注意到标准化的量性研究具有一定程度的封闭性，为此他们重视人类学所擅长的质性研究方法，特别是当人类学的访谈提供丰富、生动的"故事"时，他们是特别兴奋的，因为广告创意可以从这些故事中直接获取细节或者启发灵感。然而，人类学研究方式的"不经济"（比如在访谈中克制"控制性"、在分析中质疑"标准化"和"唯一性"）在追求效率的商业面前，显得很是尴尬；它的人文关怀和商业模式的利润先导（比如抓住消费者

的"痛点"来强化恐惧，制造欲望）有些时候显得格格不入，这也使得人类学在商业实践中自我边缘化。

所以，人类学在商业研究中的这种有限参与，使得它的视角在很大程度上没有和商业思维定势形成对话和有益的借鉴。在商业组织"发包"、人类学者参与的研究项目中，合作的低效很大程度上源于商业实践主体对于人类学的刻板印象，这主要表现在以下几个方面：

（1）忽略了人类学对社会生活的认识论

商业和管理研究领域长期以来被行为研究者、实证主义者等相信"硬事实"或者统计性事实的研究者所主导。比如，在银行业咨询服务中[2]，居于主流的量性研究者、IT 大数据挖掘者认为，人类学的质性研究很大程度上是基于直觉、缺乏"客观性"，从而使得质性研究数据很难取信"硬科学"信仰的合作者。不同于人类学家要去探索人们经济行为背后的文化脉络，这些量性工程师更倾向于以金融产品为中心，根据人们和消费客体的关系，使用"理性"或者"非理性"这样的简单标签来界定人们的行为属性，在这种静态、明晰的分类之上，把"理性行为"留给数据统计，把"非理性行为"分配给了人类学者。他们误解了人类学对于"意义"和"情境"的强调，认为它们只涵纳了某种类型的社会事实（比如非理性行为），没有看到人类是悬挂在自己编织的意义之网上的动物，我们的行为都是在一定的文化情境（意义之网）之下发生的。离开了人的具体实践情境，"理性"和"非理性"都是无意义的标签。

与此同时，人类学重视社会行动者自身的概念体系、认知方式和行为逻辑，他们在研究中更为开放地体察消费者自身的生活经验，并在此基础上理解他们的市场实践。如果先验地代入研究者自身的（或者说，传统的）知识库，脱离社会生活的情境和行动主体的意义体系，那么这无异于在研究者自身的概念框架、行为逻辑之上建构社会事实。所以，民族志研究的长处是面对研究者的"所知障"，防止研究过程的封闭性，通过更深入地浸渍于社会生活，理解人们实现和改变社会的方式。这不只是改变商业研究者原来的研究预设，人类学者自身也在反思自己的研究设计。比如佩纳多（Peinado）等人[3]希望为金融服务的改善和发展提供建议，他们最初关注的是寿命延长和金融消费的关系；但是在研究中期，他们发现消费者和金融机构之间的关系是更需要探索的议题。顾客更多从信任的角度来谈论他们和银行、保险公司的关系，并且这种信任是在客户和金融顾问的具体互动中被感知的——这个发现进一步引导他们关注金融企业激励机制和金融顾问工作两难的问题——这一研究方向的转变，在研究之初是难以预设的，需要在开展研究的过程中时刻体察研究对象、不断反思和总结。

　　另外特别值得提出的是，在商业中引入人类学的方法和视角，不要期待有一个"迅速绑定"的回答[4]。我们需要直面社会生活的多层次性、潜在的张力，不能为了追求简单、确定的结论而任意裁剪它的丰富性[5]。笔者最近访谈过一位消费者，一方面他告诉你，他不喜欢朋友圈聚在一起谈来谈去都是金钱；但是当他言及自己羡慕的对象时，却会无意识地和我们谈论这些人生模范的经济能力……如何理解这种看似有些矛盾的金钱观？我们不能把他"厌恶金钱成为社交唯一内容"处理为偏差数据或者"掩盖真相的表演"。这两种表现有具体的联系和差异，也反映了社会深层次的张力——这种对于社会生活层次性和矛盾性的洞察，将是商业实践者去摸索和捕捉人们需求的重要方式。

　　（2）克制对"人"的还原论

　　人类学不对"人"的概念套以固定不变的属性，人的行为方式和观念随着外在物理环境、社会文化秩序的变迁而做出相应的调整，所以在一定程度上，我们不重视人的本原问题（比如人性的本善、本恶议题，人的"理性"和"非理性"），强调在特定文化处境、社会结构中实证性地观察"人性"的适应和革新。

森德兰（Sunderland）和丹尼（Denny）[6]在与厂商的互动中发现，虽然他们对民族志研究方法感兴趣，但它只是被视为一种手段去发现目标消费者的深层心理特质。心理特质通常被认为具有某种独立于环境和历史的稳定性，市场从业者希望用心理特质为人群的"本质"差异找到"客观性"和"确定性"，一劳永逸地解决细分市场的问题。不过，我们要承认的是，某种层次上的心理"稳定性"只是我们一厢情愿的假设。比如，森德兰和丹尼在研究青少年使用成瘾性药物的项目中发现，成瘾性药物的使用和美国青少年的"自我"发展有很大联系，但是"自我"不是内在的，是社会建构的，具有历史性、文化情境性。

在进行商业研究设计的时候，年龄、性别、受教育程度、家庭构成、工作收入水平等变量是大家特别关注的人口信息，虽然这些变量的重要性毋庸置疑，但是我们仍然要审慎检视它们的意义。在不同的历史年代，这些变量参与社会过程是不一样的，它们所代表的个体特征也是具有历史性的，比如工作收入水平，它在不同历史年代与家庭经济能力的相关性是不一样的。我们不能简单从这些人口经济学变量导出不证自明的结论。

总之，人类学通过关注日常生活的微妙细节、追踪动态社会过程，移情理解在地化的消费者和工商从业者，历史性地探讨人的"差异性"及其生产机制。只有当商业研究真正对"人"或者"实践"感兴趣时，人类学对于商业的"帮助"才会是有效的，不然只是用"人类学"给原来的商业研究"贴牌"而已。

（3）对人类学质性研究方法的狭隘理解

虽然深度访谈（包括焦点小组访谈）是使用频率最高的质性研究方法，但是人类学者早已意识到它是一种社会建构。为了达到"深度"，人类学者在研究中会有意识地克制自己的控制性，向访谈对象开放更多的表达空间。从这个角度来说，访谈提纲不是越长越好、越多细节越好；真正"深度"的访谈，其实只有有限的几个主要问题，访谈者的功力在于如何基于报告人的回答（他们的生命经验）追问、挖掘他们的认知方式、思维逻辑、行动策略。虽然现在大多数商业研究都引入了深度访谈的调研方式，但是深度访谈的"精神"和"功力"并没有被广泛体察，很多商业研究者还是以一种定制问卷的惯性来处理访谈，恨不得在1—2个小时的时间里，把所有商业环节需要的信息都给"挤出来"。

虽然我们从质性研究方法课上会习得各种有关访谈的原则，但是在真正的访谈实战中，这些原则并不是被机械遵守的"铁律"。基于被访者的不同状态（比如，当被访者提供信息的积极性不高时，可以通过一些挑战性、诱导性的提问，激励他们继续参与深度交流）、访谈者的印象管理（根据访谈对象的不同，访谈者需要在"专家"和"无知者"的连续谱中找到特定的点，更有效地促进访谈双方的互动产出）、访谈者和被访者的不同社会距离（比如，访谈者可能也分享自己的信息，以期拉近彼此社会距离，在访谈之初推进双方的信任关系），我们需要不时调整提问策略，并没有唯一的固定模式。

实际上，如果时间条件允许、调研条件成熟（能够被允许"进入"被访者的生活），参与观察是人类学研究者更珍视的数据采集方式。它让我们面对更完整、更日常生活状态的社会事实。商品和服务在社会文化世界中的活态存在方式（lived existence），和商品生产者、服务提供商的初始想象，经常有很大出入[7](P99)。为了更有效地采集数据，在研究设计中，参与观察应该被放置在深度访谈之前，在更开放地观察人们的经济行为之后，我们才能更精确地定位深度访谈的方向；而不像很多研究设计那样，参与观察被视为深度访谈的后续补充。

（4）对于人类学民族志的"肢解"和"风干"

人类学研究者的讲故事能力在学术圈内外普遍受到认可。商业研究也试图善加利用这一特质，于是民族志也成为被要求提交的最终成果之一。但是，很多商业研究主持人并没有深入消化民族志的理论关怀和呈现方式的选择；他们只是试图从这些故事中获得平面化的快照和生活的细节，从而为广告创意提供素材和氛围；组织故事的人类学分析框架（尤其是一些不太日常使用的专业行话）在他们眼中，更多是提升项目格调的一种修饰，而非故事本身的有机组成部分。剥离了这些故事的骨架，对"故事片段"的再运用，犹如我们读一本名著，悬置了中心大意，急于摘抄其中一段合心意的名人名言来构筑自己的理论体系，这样的处理显然悬置了民族志的核心价值。

在商业全球化拓展的今天，对"地方"文化的理解不足，使传统商学院训练的从业者很虚心地把这一块领域留给了人类学者。人类学作为地方文化"转译者"的形象在商业世界很成功地建立权威。但是某种程度上，这种权威性却是和"地方文化"的"风干"联系在一起的。人类学认为"文化"是社会成员所共享的、用以组织社会生活的、具有动态再生产性的编码系统[8]；文化本身是不断延展、动态变化的。离开行动者的具体实践，"文化"是无源之水，是被风干的标本。而商业人士却寄望人类学者像灵媒一样探索这些地方文化标本的神秘来源。实际上，在人类学者眼中，地方文化之间当然有差异性，但是也有共享的部分，特别是全球化时代，各个文化之间的相互交集也在不断加强。地方性文化既是"历史质性"的沉淀，也时时面临着整合外来文化元素的任务。比如被外来商务人士所重视的中国"关系学"——实际上，不同的世代对于关系的理解和实践是有变化的，正在转型的政商结构也在重塑它的内涵……

综上所述，虽然商业领域逐渐重视引入人类学的元素来发展自身探索市场的能力，但是我们要看到传统商业训练所带来的思维定势。目前来说，人类学的视角、理念、方法和民族志并没有被充分整合到商业研究中，发挥它应有的价值。与此同时，在和商业合作的过程中，人类学者对于自己进入商业领域所发挥的作用也很审慎，虽然现在大家不拒绝参与商业合作，但是我们依然重视专业边界（特别是人类学对于批判性和反思性的坚持）；在发现差异、发生争议的地方，我们投入有限，并没有试图和商业实践者较真地进行谈判和协商、并没有争取发声权，往往最终都是"出钱发包"的厂商一方统筹全局，人类学者退居一隅，成为辅助性的资料提供者。

二、形成中的市场对于人类学的需求

（1）"蓝海"战略与人类学的开放性探索

十几年前，两位管理学的教授撰写了一本管理学畅销书，叫《蓝海战略》[9]，认为企业以后的战略方向将是超越低成本的产业竞争（原来的红海战略），创新价值，开辟新的细分市场。姑且不论文中提到的操作方式是否能实现所谓的蓝海战略，这本书的热销说明目前的企业在战略方面是迷茫的，产业界渴望突破现有的市场格局。

产业组织过去的发展思路更多强调对于生产、服务过程的控制以节省成本、提高效率，但是这种组织模式随着市场的进一步成熟和拓展，反而暴露出一定程度的内卷（involution）趋势。人类学者对商业组织和市场的田野研究发现，在跨国公司内部，企业的运作采用标准化的统一模式，在一定程度上降低了一线员工的能动性，使得服务和商品本身不足以体察日常生活与时俱进的变化，实质上结果反而是低效的[10]。新技术的运用在某些时候也难以达成管理设计者的预期。人类学者克雅斯加德（Kjaersgaard）[11]参与了北欧一家邮政服务公司的企业研究，这个公司领导层寄望引入社交媒介来促进员工交流经验、改进递送服务，但是事实证明，网络沟通技术的发展并没有达成预期目标。"技术条件"（互联网互动平台）虽然先进，但是它和递送人员自身的工作现实不匹配。这些一线员工所拥有的即兴策略、情境化应对技巧以及无意识内化的认知，的确需要被总结和推广，但是，由于工作时间紧凑、文字表达能力和反身总结能力缺乏（需要外人启迪），这些一线员工的经验难以自动成文为网络平台上可以分享的知识。企业通过技术性的程序化来加强控制性，却远离工作现实环境，到最后，可能使得作为手段的程序在企业的激励体系中被篡改成目标。人类学研究帮助我们脱离"传统"和"现代"、"地区性市场"和"全球市场"的二分想象来重新发现市场的机制。一些研究发现在市场营销渠道更为通达、营销手段更为丰富的全国，乃至全球大市场中，某些行业（比如金融、地产、食品、文化产业等）的消费者也仍然需要像传统集市那样，依赖和厂商终端工作人员的互动，或者通过消费者的内部信息交流，来获得对商品和服务的信任。所以广告营销的教化对他们的影响是有限的。人类学"接地气"的研究帮助商业研究不断突破"所知障"，人类学对于"多元性"的重视也不只是情怀，它是一种具有现实性的发展思路。在新的竞争环境下，厂商治理思路可能需要从"集中"走向"发散"：克制组织内的控制、集成，把自主性和拓展性更多地分配给接轨市场的一线工作人员（因他们对市场的感知会更敏锐），并贴近消费者的生活去挖掘、理解他们的需求偏好和思维方式。

另一方面，蓝海战略与其说是寻找"差异化"的新市场空间，不如说未来的厂商需要面对一个"边界"不断被打破的市场。技术等因素的变化使市场格局突破了原来的专业、部门边界，公共领域和私人领域的边界，消费者和生产者的边界，信息、资源的流通和分享加强了。于是紧接着的问题是，如何面对这种新的市场形态？

在孵化初创企业的过程中，田村（Tamura）和市川（Ichikawa）[12]发现，以人为中心的创意企业能够成功被孵化，很重要的一点是，这些企业的创意者和发起人保持了和潜在的消费者共有（co-own）关注点的状态：他们不仅移情理解消费者，还和消费者保持连续的互动来创造共有空间。在这个空间中，大家交流彼此的思想，保持动态性的对话、反思和共享，以此来打造创新的机会。这种"产消模式"（prosumption）使原来专属的资源获得一定程度的分享，集体消费、消费者参与生产、一对一定制生产正在逐渐改变既存的所有权结构和回报系统[13]（P109）。市场的发展也在挑战原来的经济概念：比如，原来一直认为中国是一个"高储蓄率"的社会，这在一定程度上压制了消费；那么，中国现在的购房热潮到底是"消费"还是"储蓄"呢？——我们需要在新的市场运行整体中，探索消费和储蓄的新内涵及其对"生产–消费"因果链条的影响。归根结底，新经济的本质就是人类学意义上的整体论，价值的生产和流通方式产生了新的组合，部门、主体的分化和融合也以新的形式出现，我们需要超越原来的经济概念，回到作为整体的经济过程中理解市场新的动力机制及其效果。

（2）从复杂（complicated）市场到庞杂（complex）市场

英特尔公司的人类学家肯·安德森[14]近期撰文指出，商业环境正从一种复杂的体系转变成一个庞杂的体系。在过去的复杂商业环境中，市场要素和市场格局相对稳定，研究者通过把握各种变量、经由实证分析建立因果模型，从而建立对市场发展的确定性和控制性。但是，在新的商业环境中，市场影响因素纷繁芜杂，随着技术的进步、数字化的普及、低成本的控制，产品和企业的生命周期都比过去短暂，产品的个性化特征将越来越突出。而这一庞杂商业系统最大的变化就是不确定性的加强，市场的变化是偶发的、临时的，商业模型的连续性解释力在逐渐失效。那么，市场研究要如何面对这种临时性的秩序？安德森认为这些变化将推动商业研究追问更深层的情境性信息（contextual information），在这个过程中，需要在市场行动者（生产者、消费者）的关系网络中理解市场情境的意义生成过程，通过对文化的深入解读，帮助未来的产业创新减少失败的风险。

庞杂商业环境加快了"人与物"潜在关系网络的变革，也为原来的市场弱势方获得了更多表达空间。比如，过去的消费文化惯于给奢侈品贴上阶级的符码，形成消费压力和吸引力。最近的网络社交媒体出现了一些新的呼声，"月薪3000是否可以买iPhone"，"月薪3000是否可以买1000元的高跟鞋"——这些"人与物"关系在社交媒体的热议，在一定程度上挑战了消费文化所暗示的单一阶层分化，让我们看到更为庞杂的物品社会生命。在新的市场情境下，原来作为被教育对象的消费者，他们的视角、表达方式需要受到更多的重视。

（3）大数据的意义有赖于民族志视角的参与

智能IT技术的发展，使得大数据成为重要的市场信息资源，某种意义上，它的出现迎合了厂商们对于市场确定性的热切渴望。但是大数据的意义和解释力并不是不言自明的；它的有效性也需要更细致的讨论。

数据并不是中性的，在我们这个极大程度上依赖数字治理的时代，数据具有形塑现实的能力，可以通过制造或改变数据来左右人们对于现实的认知[15]。我们很多时候过于强调数据资源的丰富性，而忽略了关注数据搜集者和分析者的价值取向。也有观察者预测，信息爆炸以后的认知方式会使"定见"在社会中发挥更大的影响力[16]。需要重申的是，大数据只是被使用的工具，它本身没有自主的创新意识。为了让大数据更多地和数据主体（消费者）产生联系，避免被数据分析者的逻辑所主宰，在大数据的采集和分析过程中，需要民族志研究者带来在地化消费者的深入信息，与大数据工程师形成更具反思性的对话。

此外，不同的数据资源，具有不同的使用方式。近年来，在各种社交媒体中出现的个人数据（personal data）成为一个被热炒的信息资源。但是，这些数据只有很少的比例（5%）是结构性的，它对于个体的价值（个体生命的足迹）要远大于把它化为社会群像的一部分[17]。现在的商业创新不一定要基于最大可能地掌握市场整体的情况，用个人数据（线上民族志）结合线下的参与式观察，民族志研究方法可以让个人数据为商业创新提供更有价值的启发。

三、作为田野的商业世界与人类学的反身性

回到自己社会的人类学，也把研究触角伸向都市中的大型购物中心、现代化的办公楼。但是另一方面，作为新田野的商业世界又冲击着人类学者的神经：秉持市场原教旨主义的商业精英，开始用"圈层"来表达阶级身份的

所谓高净值人群，傲慢地用行话来建立区隔的专业人士……人类学者愈加怀念当初的小乡村以及生活在那里的朴实乡亲。当我们对现代商业世界的去人格化、异化不断批判的时候，似乎还需要扪心自问一下，我们的思考是否也有一种还原论的风险？经济人类学家阿泊鲍姆（Applbaum）[18]在介绍市场（marketplace，即不同人口学特征、不同社会地位、不同性情倾向的人开展不同形式交换的物理空间）和市场原则（market principle，即抽象规则，以供需关系来调整价格，进而调节所有的经济活动）的概念时提到，从实证的角度来说，这一组概念都是理想类型，对经济世界的洞察还原到哪一概念上都是脱离现实。阿泊鲍姆认为：具象化、社区化的市场交换和专业化、去人格化的市场原则之间的张力和联结，是人类学者需要重视和研究的主题。

对我们来说，市场运行的社会性、道德性、情感性的情境和结果是人类学"嗅觉"普遍能够体察到的内容；但是我们对于现代商业的"技术"、"意识形态"，及其在日常生活、商业组织内的生产性还是欠缺探讨和更新。在过去，人类学为了到异文化做研究，对学习当地语言产生浓厚兴趣，但是一旦回到我们自己的社会，需要学习商业行话（也是一种异文化语言）进入新田野时，我们往往意兴阑珊。在对市场原则的"异化"和"无效"进行批判之前，我们需要去分析，市场的"教条"在怎样的政治和组织条件下被"自然化"、被视为"有效"，甚至成为遍及整个社会的隐喻？各种产业新技术和消费品广泛进入我们的日常生活，已经成为了社会性不可分割的部分（比如，在数码时代，很大程度上，人们只有与技术终端相连接才能获得"社会在场"），一方面，交互式技术开发机制秉承"消费者是上帝"，但是另一方面，后台技术开发人员的意志、价值观又有很强的塑造能力——如何理解这些"互斥"机制在产业创新过程中的共存和影响？

人类学者把商业组织视为研究"现代社会"的一个重要场域，这种研究条件得以实现，往往在于厂商期待引入人类学的视角和方法，帮助实现商业的价值和功能。合作双方的议程（agenda）和取向存在差异，使得互动过程往往充满着张力和谈判：商业人士期待"可以行动的"结果，人类学者却寄望厂商走近人群、在概念化之外多多理解普通人的生活；营销人员惯于"拿住消费者痛点"，快速有效地发挥广告的教育、劝导功能，人类学者却期待商业传递更多的人文关怀；人类学者打破了技术开发人员"对于知识的掌控感"，而他们自己却要面对自己的研究发现被 PowerPoint 简化、异化的局面……韦克福德（Wakeford）[19] 引入"矛盾的政治"这一概念[20]，鼓励大家更为积极地看待差异，推动形成一个张力、矛盾和悖论可以更有效、更富于动力地进行协商的空间。人类学者与商业实践的"杂交"（hybrid）[21]，并不是被动的，这是一个非常重要的研究场域——我们可以观察大家（包括人类学自己）如何在多因素的协作（coagent）中，建立边界、驱逐"异质分子"来重新组织秩序；与此同时，这也是一个非常重要的实践场域，结局是开放的，有很多可能性：人类学者把商业世界作为自己的田野，既受制于行业的既定规则，但是也可以对它的发展方向产生影响。

参考文献

［1］Cefkin, Melissa. 2012. "Close Encounters: Anthropologists in the Corporate Arena". *Journal of Business anthropology* 1 (1). pp. 91–117.

［2］Peinado, A., M. Jarvin, and M. Damoisel. 2011. "What Happens When You Mix Bankers, Insurers, Consultants, Anthropologists and Designers: The Sage of Project FiDJi in France". *Ethnographic Praxis in Industry Conference Proceedings*. pp. 256–276.

［3］同上。

［4］Moeran, Brian. 2003. "Business of Anthropology: Communication, Culture and Japan".

Copenhagen Journal of Asian Studies Vol 17. pp. 87-109.

［5］Besnier, Niko. 2004. "Consumption and Cosmopolitanism: Practicing Modernity at the Second-Hand Marketplace in Nuku's alofa Tonga". *Anthropological Quarterly* 77 (1). pp. 7-45.

［6］Sunderland, Patricia L. and Rita M. Denny. 2003 "Psychology VS. Anthropology: Where is Culture in Marketplace Ethnography?" in *Advertising Cultures*. T. deWaal Malefyt and B. Moeran, eds. pp. 1-27. London: Berg.

［7］Cefkin, Melissa. 2012. "Close Encounters: Anthropologists in the Corporate Arena". *Journal of Business anthropology* 1 (1). pp. 91-117.

［8］张小军. 文化人类学研究的"文化范式": "波粒二象性"视野中的文化与社会. 中国农业大学学报: 社会科学版, 2012年第2期.

［9］[韩] W. 钱·金和 [美] 勒妮·莫博涅, 著, 吉宓, 译. 蓝海战略. 北京: 商务印书馆, 2005.

［10］Blomberg, J. 2011. "Trajectories of Change in Global Enterprise Transformation". *Ethnographic Praxis in Industry Conference Proceedings*. pp. 134-151.

［11］Kjaersgaard, Mette Gislev. 2013. "Serendipity and business development-Design anthropological investigations at the Post". *EPIC (Ethnographic Praxis in Industry Conference)*. pp. 363-374.

［12］Tamura, Hiroshi. and Ichikawa, Fumiko. 2015. "Goodbye Empathy, Hello Ownership: How Ethnography Really Functions in the Making of Entrepreneurs". *Ethnographic Praxis in Industry Conference Proceedings*. pp. 332-330.

［13］Cefkin, Melissa. 2012. "Close Encounters: Anthropologists in the Corporate Arena". *Journal of Business anthropology* 1 (1). pp. 91-117.

［14］Anderson, Ken. 2014. "AShift in the Business Environment that Ethnographers Can't Ignore". http://ethnographymatters.net/blog/2014/02/20/a-shift-in-the-business-environment-that-ethnographers-cant-ignore/.

［15］Liu, Xin. 2009. *The Mirage of China: Anti-Humanism, Narcissism, and Corporeality of the Contemporary World*. Oxford, New York: Berghahn Books.

［16］[法] 雅克·阿塔利, 著, 王一平, 译. 未来简史. 上海: 上海社会科学院出版社, 2010.

［17］Margolis, Abby. 2013. "Five Misconceptions about Personal Data: Why We Need a People-centred Approach to "Big" Data". *Ethnographic Praxis in Industry Conference Proceedings*. pp. 32-43.

［18］Applbaum, Kalman. 2005. "The Anthropology of Markets". *A Handbook of Economic Anthropology*, James Carrier, eds. pp. 275-289. Cheltenham, UK: Edward Elgar.

［19］Wakeford, Nina. 2006. "Power Point and the Crafting of Social Data". *Ethnographic Praxis in Industry Conference Proceedings.* pp. 94–108.

［20］Bondi, L. 2004. "For a Feminist Geography of Ambivalence". *Gender, Place and Culture* 11. pp. 3–15.

［21］参见Blomberg, J. 2005. "The Coming of Age of Hybrids: Notes on Ethnographic Praxis". *Proceedings of EPIC.* pp. 67–74; Michael, M. 2004 "On Making Data Social: Heterogeneity in Sociological Practice". *Qualitative Research* 4 (1). pp. 5–23。

制造市场：论 PP 银行精英文化的建构与实践

● 张小星 [①]

进入银行：精英文化的社会化

> "我 1969 就入行，这一行需要聪明的人，要够渴望，还要冷血，会有输，也有赢，最重要的是一直奋斗下去。"
>
> ——电影《华尔街》台词

　　笔者在 PP 银行实习期间，对精英主义的最初感受是一群经常以"优秀"和"聪明"自诩的银行员工，他们以名校出身和高等学历为文化资本，在对金融市场的专业知识进行生产与再生产的过程中，建构着带有霸权意义的精英文化。这一精英文化的建构往往开始于一年一度的校园招聘，并在员工的日常生活中不断重复和强化。

　　起源于"管理培训生"项目的 PP 银行校园招聘通常在每年的春季和秋季举行，目的是招纳和网罗全国甚至全世界范围中最"优秀"的人才。在校园招聘的过程中，PP 银行通过宣讲会、笔试和面试等具体实践重新定义和解释

---

① 张小星：复旦人类学2012级硕士研究生。

了"聪明"和"优秀"的概念，并在与应届毕生的互动中赋予其合法性。类似于范·盖纳普（Van Gennep）的过渡仪式（rite of passage），应届毕业生通过参加校园招聘脱离了原来的学生身份，获得了新的身份和地位——PP银行的管理培训生，在这一过程中，他们将象征"优秀"、"聪明"的精英文化"社会化"，作为指导日常生活世界的文化准则和价值观。

作为优秀人才的文化建构

从招聘会开始，PP银行就一直在建构"优秀人才"的概念。名校出身是基础，校友关系是重要资源，专业知识和领导力则是优秀人才不可或缺的条件。不仅如此，"优秀"的特质还体现于日常生活中的穿着、举止或身体和语言态度的细节之中，通过优雅得体的形象和穿着得以身体化。校园招聘的过程同时也是银行将精英文化社会化的过程，通过校园宣讲会以及接下来的笔试和面试，应聘者与银行持续互动，接受并认同了银行建构的优秀文化，并以此作为将自己与其他人区分开来的象征资本。他们在实践中将成为PP银行的优秀人才作为自己的人生目标，并将其内化为主导自我行为的价值观，不断塑造着身体的惯习。

当招聘结束后，PP银行通常要举行一个新人欢迎仪式，仪式由部门领导主持，主要目的是宣布新人身份的合法性，使其被其他同事认可和接纳，并尽快融入到新的工作环境中。PP银行今年一共招收了九名应届毕业生，笔者也是其中一位。九人中，其中三位是复旦硕士，三位是交大硕士，两位财大硕士和一位南大硕士。欢迎仪式的首要环节是请新人自我介绍，毕业院校和专业是必须介绍的内容。每一位新人依次用自信和富有激情的语气介绍自己的毕业院校和专业背景时，笔者却因自己非相关专业背景而显得底气不足。

在轮到笔者时，笔者用飞快的语速介绍完自己的毕业院校和专业，并补充了一句："在场的各位同学都很优秀，而我可能没有你们那么优秀，今后还要向你们多多请教。"结果这句话立刻遭到了部门领导李某的驳斥：

　　我们雇用的新人都是成绩优秀、能言善变、充满自信的潜力型人才，因而，你们有资格坐在这里，本身就说明你们是最优秀的。我不允许你们有人说自己不优秀。如果你不优秀，根本没有资格坐在这里。金融界里有这样的说法，一流的人才在银行，二流的人才在信托，三流的人才在保险。所以，银行人骨子里就带有优秀的基因，这是不言而明的。在场的每一位同事都要有这样的觉悟。我现在需要你们做的，就是要最大限度激发出体内优秀基因的潜能，让自己在工作中变得更加优秀。

　　显然，李某的这段话假设了每一位银行员工都是优秀的，这一理念已经如此习以成性，使得"优秀"不再是一个外在的标签，而是对银行所有成员的全面概括，并且已经内化为他们的"基因"，成为自然而然的存在。

　　PP银行的"管培生"项目，实质是在塑造以"优秀人才"为代表的精英文化。这里的"优秀"不仅意味着个人智慧，还象征着名校出身、校友资源和专业知识，因而"优秀"人才的文化建构实质是社会资本和文化资本的建构。不仅如此，银行通过对个人仪表统一标准，将"优秀文化"身体化，成为区分银行精英与普通人的重要标志。一方面，男性穿西装，女性穿职业套装和套裙，形成了"着正装"的身体惯习，另一方面，精神饱满，斗志昂扬和自信的微笑是崇尚领导力和个人竞争的"企业家精神"的外在表现。在校园宣讲会、笔试、面试以及新人欢迎仪式等一系列情境化实践中，新人们迅速吸收和认同了这一精英文化：不但经常以"优秀人才"自诩，还将其内化为文化价值观，塑造着身体和文化的双重属性。"一流的人才在银行"，"优秀是银行人的基因"等精英主义话语建构了类似华尔街的文化优越性，成为银行从业人员引以为傲的文化资本。"好像一旦成为了银行管培生，就拥有了全世界。"通过校园招聘和新人欢迎仪式，应届毕业生正式获得了银行员工的合法身份，并在社会化的过程中认同了银行以"优秀人才"建构的精英文化价值观。

深入银行：精英文化的等级化

"做不成真正的玩家，就只能当无名小卒。"

——电影《华尔街》台词

当新人们通过校园招聘进入PP银行后，是如何在不同的岗位间流动的呢？PP银行信贷部门的员工一般分为三类，分别是前台、中台和后台。前台员工，在PP银行信贷部门中被称为"征审岗"，被认为是最有价值的，因为他们直接为银行创造利润。一般来说，只有管培生才有资格坐上银行的前台岗位。他们的日常工作主要有两个，一是对资料进行审核，二是对贷款进行审批。这一类工作通常被认为是银行中最有技术含量的工作，因而也是银行中最受尊重和地位最高的岗位。中台一般是从事某一项简单工作的岗位，例如电话催收和计算流水，由于这一类工作大多是机械性的重复劳动，技术含量最低，因而在银行最不受重视。中台岗位通常不是银行的正式员工，而是银行与第三方公司签订合同的派遣制员工，招收的主要是普通高校的大学生，并且以本科生为主。后台就是通常所说的行政岗位，主要处理的是财务和人事等行政事务，是为前台员工提供支持的服务性岗位。这一类员工虽然也属于银行的正式员工，但由于技术性不强，往往由"没那么优秀"但性格认真的员工担任。例如笔者因为不是金融学相关专业背景，而性格相对仔细认真，就被分配到了后台的行政岗位。而其他更加"优秀"的管培生则被分到前台，成为最有价值的员工。

对于银行来说，后台的重要性介于前台和中台之间，是一个不可或缺却又经常被人遗忘的角色。而后台的员工看上去也和前台的员工有所不同。一方面，他们认为自己是银行的一部分，银行"精英文化"的荣耀同样属于他们，能与中国最优秀的人才共事，这令他们感到自豪。但另一方面，后台作为支持部门并不直接创造利润，使得他们的工作经常被人忽略。另外，由于后台的工作不能以利润的数字来衡量，因此他们的工作成绩经常被低估。正如后台员工高某所说：

虽然我也是银行的，但我并不像前台员工那样可以直接创造利润。于是我们的工作经常会被人忽视。各种关于业绩的战报上都没有我们的名字。我们的表现也不能通过利润来衡量。我们所能做的就是尽量为公司节省成本，但这毕竟十分有限，所以很多人都觉得我们的工作没有价值。

一、社会空间的等级化

空间作为承载人们日常生活的形式，既是权力的产物，也是权力关系的再现。在空间的分配上，前台、中台和后台的员工因地位的差异产生了空间隔离。在前台、中台和后台三类岗位中，中台的地位最低，他们通常不被认为是银行的员工，并且被排除在各类培训、户外拓展和俱乐部活动之外。前台的地位最高，代表着最优秀和最有挑战性的工作。一位前台员工章某以"搞脑子"和"不动脑子"来解释前台与中台在工作上的差别：

> 我们平时所做的工作是很搞脑子的事情，需要对借款人和借款人提供的材料进行综合考察。这样的工作不是谁想做就能做得来的。那他们中台天天做的都是重复性的、很机械的东西，比如打打电话啦，按一按计算机算算流水啦，这些都是不用动脑筋的事情，说实话，没啥技术含量，是个人都能做，就是速度的快慢问题。

在PP银行信贷部门，前台位于整个空间的核心位置，后台的位置相对边缘，而中台的位置则是在最偏僻的墙角。在这里，空间承载的权力关系不是"高"与"低"、"上"与"下"的绝对位置，而是表现为"中心"与"边缘"的相对距离。其中前台和后台的位置是相通的，联系较为密切，但中台与前台的位置相距很远，中间隔着一个消防通道，要走大概十分钟的路程。这在一定程度上阻碍了中台与前台的交流，使得中台成为一个相对封闭的空间。更重要的是，在消防通道有一扇门，这扇门就成为连通中台和前台社会空间的唯一中介。然而，要打开这一扇门，就必须要刷卡，只有前台员工的工卡才能将门刷开，中台的员工是刷不开的。这意味着前台员工对空间具有绝对的控制权，可以在所有的空间中畅行无阻，而中台员工仅有被分配的狭小空间。事实上，即使在日常的工作时间，前台的员工也很少与中台员工进行社会交往。两者发生互动的唯一场合就是在一年一度的公司年会上。

类似的空间隔离还体现在厕所的使用上。厕所的制度和空间安排及其涉及的一系列规范、法则、仪式和习惯，在很大程度上体现了所处文化和政治语境的独特性。银行的四个卫生间分别位于东部和西部的走廊上，呈对称分布。对于前台员工来说，东部或西部的卫生间对他们来说距离完全一样，没有任何区别。然而，因为中台员工的位置集中在西部，因而在西卫生间会经常碰到中台员工。这在前台员工看来是很不舒服的事情，"不是我对他们有偏见，而是他们每次到卫生间都说说笑笑，甚至吵吵闹闹，没有公德心。""我很怕遇到那些中台员工，他们总是成群结队的，不知道又在聊什么八卦。""我特别讨厌上厕所也要吵吵闹闹的人，因为我经常会边上厕所边思考问题，他们把我的思路都打断了。"

上厕所这一日常行为对于前台员工和中台员工的意义是完全不同的。中台员工将厕所视为社交延伸的空间，认为如厕是一种群体性的行为，因而中台员工通常是"一起上厕所"。在人少的时候，他们会聊一些只有在亲密朋友之间才会涉及的私密话题，比如恋爱，或者职场中的八卦。类似的谈话只会在相邻的隔间中进行。在与外部空间隔绝的隔间里，两个人彼此看不到对方的神态和表情，却能从讲话的语气中揣测出对方的心理，然后默契地一笑，伴随着冲水的声音，这场私密的谈话就结束了。在人多的时候，他们会相互调侃，当着别人的面开玩笑，以此作为亲密关系的暗示。

对于前台员工来说，上厕所则是一种个体行为。不同于中台员工的积极社交行为，前台员工总是一个人去厕所，这不仅是因为身体的私密性，还是出于节省时间的考虑。

"一般来说你和别人一起上厕所，结果只会有两种，要么你等他，要么他等你。这样不是浪费时间吗！"为了最大限度利用时间，他们将厕所作为工作的延伸空间，希望有一个相对安静的环境。"我们在上厕所的时候其实也是在工作，利用一切可以利用的时间来思考工作上的问题。所以我们特别需要一个安静的空间，而不是嘈杂的公共厕所。"

因而，相对于中台员工集中的西卫生间，他们更偏好相对安静的东卫生间。不仅如此，前台员工总是认为西卫生间与东卫生间相比更加肮脏。虽然西卫生间和东卫生间在打扫频率和整洁程度上没有任何实质差别。

"不知道为什么，我偶尔去西卫生间的时候，总是能闻到一股异味，让我感觉西卫生间没有那么干净。""我从来都不上西卫生间，因为我担心那里的人冲水冲得不够干净，而且我还听说那里的味道不好闻，要么就是打扫不够干净，或是经常去那里的人不够干净。"

笔者在做田野的过程中，分别到东卫生间和西卫生间进行体验，但并没有发现东卫生间比西卫生间更加干净，也没有发现西卫生间的人冲水不够干净。因而，前台员工关于洁净与肮脏的想象反映的是社会性和文化性的认知。玛丽·道格拉斯将肮脏界定为失序，"在特定的文化与社会结构中，不占据清晰位置的因素与力量，以及处于结构位置转变过程中的因素都是'危险'的异类，因为它们处在一种'过渡'或'位置无法确定'的状态"。（道格拉斯，2008）

在PP银行，中台员工就是处于这样一种位置无法确定的状态。他们不是银行的正式员工，却和其他正式员工同处于一个空间中，他们不是最聪明的存在，不属于银行的精英范畴，但他们周围的人都是最优秀的人才。银行中并没有一套完善的制度对中台员工进行定位和控制，他们是难以分类的结构，于是他们在前台员工眼中成为了"危险"和"肮脏"的象征。前台员工试图避开象征肮脏与危险的西卫生间的行为，其实正是在有意识地重组结构，是一个创造性的行动。他们不仅通过卫生间的区分将自己与中台员工区别开来，并在上厕所这一行为中明确了自己在结构中的位置，建构了"时间"和"效率"的观念，成为了公司中最擅长利用时间的人——那就是在厕所中继续工作。为此，银行对东卫生间进行了改造，首先在隔间对面的墙上挂上一面钟，目的是让每一位员工都"看着时间上厕所"，确保不会错过某一场重要的会议或某一项重要的工作。其次，在东卫生间的每一个隔间里，在放纸器的旁边都设有一个用来摆放文件、手机和 iPad 的铁架。因为前台员工经常会带着手机、iPad，甚至文件来上厕所，目的就是同时继续工作，不浪费一分一秒的时间。另外，在东卫生间通常会弥漫着香薰的味道，可以静心养神，确保员工们能够在短暂的休息后集中精神进行工作。

就工作环境来看，前台的工作环境相对最好，所在的位置常年可以见到阳光，空调最为充足，电脑和桌椅等工作设施也是最新的。而中台的员工工作环境最差，不仅常年见不到阳光，工作设施也是最陈旧的，并且没有人为他们服务。因为后台员工只为前台员工负责。

当你来到中台员工的位置，你会惊讶地发现在偌大的银行中还存在这样一个被人遗忘的角落。老式的电脑，破旧的椅子，潮湿的地板和脱落的墙面，一切的一切都表明，这里和干净明亮的银行是两个没有关系的地方。实际上，的确是没有关系，因为我们本来就不能算是正儿八经的银行员工。大家都把我们当作可有可无的存在。（中台员工，费某）

不仅如此，前台员工还拥有专享一部电梯和一间会议室的权力。在 PP 银行信贷部门，一共有两部电梯和两间会议室。其中离前台员工位置最近的一部电梯和一间会议室为前台员工专用，而中台与后台员工没有资格使用。管理人员解释，为电梯和会议室设置使用权是为了提高前台员工的效率，避免浪费他们的时间。

　　银行一百多号人要挤两部电梯，上下班高峰的时候经常一等就是半个小时。时间都浪费在等电梯上了。我们设置一下，让前台的员工先走，这样就能最大限度节约他们的时间，从而提高他们的工作效率。开会也是同样的道理。因为前台员工开会的次数最多，也最为频繁，为了避免他们在开会的时候没有会议室可用，我们就专门为他们留出了一间会议室。（后台员工，陈某）

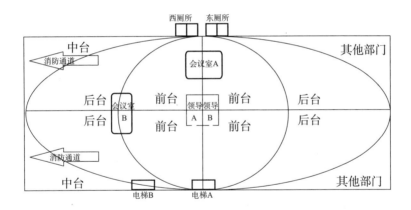

图1：PP 银行信贷部门日常空间示意图

二、日常生活中自我呈现的等级化

　　与中台员工相比，前台员工和后台员工的空间区隔不足以明显到将二者的身份区分开来，主要差异体现在日常生活的自我呈现中，比如日常着装和用餐。

在银行，日常工作中的自我呈现是非常重要的，在银行，形象就是一切，这也是精英文化的自我呈现。与男性主要以服装品牌来区分等级的习惯不同，女性员工之间的着装差异则更加微妙。在银行的着装标准中，穿运动鞋上班是绝对禁止的行为。然而，在日常工作中，有很多后台的员工采用一种变通的方式，即穿运动鞋来上班，到达办公室以后再把运动鞋换下来，穿上高跟鞋。因为很多女性都是穿职业套装来上班，她们的服装搭配就变成"裤袜搭运动鞋"。这样的服装搭配在前台女性看来是很俗气的"土鳖"行为。笔者在访谈一位前台女性员工时，她表示，自己在刚参加工作的头几个月一直是这么做的，因为这样会让自己的身体比较舒服，但很快她摸清了事情的内幕，裤袜＋运动鞋的搭配在银行是"下层地位"的象征。首先，由于 PP 银行位于市中心的陆家嘴核心金融区，如果女性员工居住在上海较好的地段，交通相对比较便利的话，那么她们不会在上班的路途上花费太多时间，也没有必要穿运动鞋来上班。穿运动鞋来上班恰恰暗示了她们的居住地属于上海较差的地段，交通并不便利，在路程上需要花费很长的时间，因而才有了换运动鞋的必要。其次，一个女性需要从运动鞋换上高跟鞋，说明她并没有真正适应银行的精英文化，是不专业的表现。"嘴上说习惯是假的，身体的习惯才是真的。连高跟鞋都穿不了，怎么在金融圈里混。"运动鞋代表了与银行相反的平民文化，而不会穿高跟鞋的女性则没有资格进入银行。因此，很多女性在踏入银行的第一课都是学习如何穿高跟鞋。

在银行，高跟鞋的选择也是有讲究的，不能太高也不能太矮，不能太亮也不能太闪，不能太花也不能太露。以五厘米左右的黑棕色皮鞋为宜。另外，从运动鞋换上高跟鞋的行为还往往被看作衰老的表现：

你看看工厂里二十几岁的小姑娘，有谁是把鞋带过来换的，大家不都是一双高跟鞋走到底嘛。只有那些中年阿姨，脚实在受不了，才会把鞋换来换去。所以，你要是有一天也开始换鞋了，那就说明你老了，走不动了。这在银行里可不是什么好事，大家都开始把你当大妈看了。（前台员工，张某）

可见，在银行，一双合适的高跟鞋是时尚、青春和活力的象征，也是职业化的最好表现。

除了高跟鞋，女性的着装在不同群体间也有差异。在第一章提及的女性仪表标准中并没有对女性的着装进行严格的要求。在面试的时候，银行要求无论男女，一律穿正装。然而，笔者通过观察发现，在银行的正式女员工中，几乎没有人穿正装。前台和后台的正式员工穿的则是风格多样的职业套装。"为什么不穿正装，很简单，你看看银行里做什么工作的女性才穿正装。对，是银行的柜员。我们不想穿得跟她们一样，被别人误认为是在支行里从事最低微工作的人。"而对于PP银行信贷部门的中台女性来说，银行对她们的要求是必须穿正装，因为她们不是银行的正式员工。虽然在面试的过程中，标准化的正装被视为银行专业化的外在表现，但在正式的职场中，女性统一的正装却被看作象征低微工作的符号。多元化的着装风格为白领女性营造了个性化的视觉效果，成为张扬个性、宣扬个人主义的最佳代言。可见，银行中身份和社会地位的分化，无一不在外显的着装和服饰搭配中得以身体化。

实际上，银行中的自我呈现涵盖的范围非常广泛，不仅包括日常着装、言行举止，还涉及对问题的反应速度和解决能力。甚至还影响到吃饭方式等生活细节。在用餐方面，PP银行专门为员工提供了食堂。虽然食堂的价格较为低廉，但口味相对较差，而且在就餐高峰期十分拥挤，经常需要排很长的队伍。除了食堂以外，PP 银行还有一个咖啡厅，同样有午餐供应。不同于食堂的是，咖啡厅提供的午餐以西餐为主，价格相对较为昂贵，比如食堂的消费水平大概是一顿午餐十元钱，那么咖啡厅的消费水平至少要高出一倍。

　　PP 银行信贷部门的中台员工绝大多数都在食堂里用餐，最主要的原因是价格便宜。前台员工则会选择在咖啡厅购买午餐。但是，他们并不经常在咖啡厅用餐，而是将午餐从咖啡厅打包回办公室。前台员工对此的解释是为了节省时间：

　　如果你经常在咖啡厅吃饭，给人的感觉是你很悠闲。实际上，你还有很多工作没有做完。而如果你把饭带回办公桌，那么即使你是在办公桌前开玩笑或者聊天，也会营造一种你正在工作的假象。区别就在于——你面前是办公桌，还是餐桌。（前台员工，李某）

　　而后台员工对于午餐有更折衷的方式，那就是"带饭"。后台员工经常带饭，他们认为这是既省钱又节约时间的办法。

　　我们都不愿意去食堂，那是中台员工才去的地方。到中午的时候食堂挤得不行，我们没空去排队。而且食堂的饭虽然便宜，却很难吃。我们都不会去的。家里的饭就不同了，又干净卫生，又经济实惠。早上早起一会儿，做好了带过来，中午热一热就可以吃了。我们这边很多都是带饭的，比外面买的好。（后台员工，丁某）

　　然而对于前台员工来说，"带饭"意味着节省和节俭，"这表示你很在乎钱，在乎钱的背后隐含的意思就是你赚得没有那么多。这对我们来说是一种侮辱。"对于另外一些前台员工来说，"带饭"不仅暗示着节俭和拮据，还是一种反社交的自我孤立行为，"你选择带饭，就说明你看重钱的程度高于你与同事一起出去买饭的重要性。对我们来说，带饭是很愚蠢的，因为这会让你隔绝到与同事的社交圈子以外，逐渐成为被同事孤立的对象。最愚蠢的是，这都是你自愿放弃的。并且，我们根本没有额外的时间把饭做好再带来。这些都是闲人才做的事情。"可见，午饭吃什么，在哪里吃午饭成为员工建构群体认同和积累社会资本的重要标志。

同时，出去到咖啡厅吃饭是员工必须严格控制的活动。经常被看到在咖啡厅吃饭或在咖啡厅吃饭的时间过长都会被看作不专业的行为，因为这远离了你的工作。因而，"打包"午餐成为前台员工最习以为常的就餐方式。为了节约时间，他们每天通常派一个人去咖啡厅打包所有人的午餐，而这个人一般都是部门的新人。打包的程序是，在中午下班前的十分钟，新人要轮流到每一位前台员工的位置上跟他们确认今天的午餐。确认无误后，新人就拎着部门专用的环保袋去咖啡厅买饭。一般来说，新人要在下班时间的前5分钟出发，否则就可能碰上人流高峰。买好以后，新人再拎着装满午餐的环保袋回来。等所有人用餐完毕后，大家开始算钱，把今天的午餐费付给新人。现在付现金已经被视为老土和落后的行为，"现在谁还付现金，显得多俗。而且也不方便，零钱还要找来找去的。我们一般都微信发红包，既免了找钱的麻烦，也增进了同事间的关系。发个红包，捎个话，关系一下就拉近了。"（前台员工，符某）

显然，"打包"的用餐方式对前台员工来说具有双重的意义，一方面象征着省时高效的工作方式，提醒员工尽快就餐，吃完后尽快进入工作状态。

另一方面也是银行同事进行社会交往和深化关系的重要方式。而"打包"和"带饭"的区别就是，前者充分表达了有钱阶级的消费观，那就是充分享受赚钱与花钱的乐趣。而后者更多地体现了后台员工重经济实惠的消费理念。

可见，在前台、中台和后台三类员工中，前台员工由于能够直接为银行创造利润，而被视为最有价值的员工，在 PP 银行信贷部门中享有各种特权。他们不仅凭借自己的优势地位控制了电梯、会议室等日常公共设施的使用权，还通过改造厕所等空间实践塑造着人们日常生活空间结构的重要元素，并按照自己日常生活的实际需求重新组织和开拓属于自己的空间。另外，他们还通过日常着装和用餐方式建构着精英主义的价值观和有钱阶级的消费观，在日常生活的实践中内化为身体的惯习，成为日常生活中自我呈现的一部分。

三、金字塔式的科层制结构

虽然前台员工在银行的三类员工中占据着主导地位，但他们的身份仍然是普通的员工。在整个银行的等级结构中，还有在地位上比他们更高一级的存在，那就是银行的领导。领导在文中泛指机构中控制最高权力的人，在 PP 银行信贷部门的最高职位是总经理。

图 2：PP 银行金字塔等级结构

银行的等级制度是很严格的，领导掌握着绝对的权威，普通员工并没有反抗的权力，是一种绝对的自上而下的从属关系。在银行，影响工作开展的决定性因素就是你是否有"权限"。"权限"是指行为主体对于某个事项进行控制和决策的权力。由于掌握着数量庞大的客户信息，银行特别重视信息资料的保密工作。为了防止信息的泄露，银行为每一位员工都设置了与其工作内容和职务相匹配的权限。任何人都不可能通过正常途径获得超越权限的信息。例如，PP银行信贷部门对员工上外网的行为进行严格控制。只有领导才有完全的外网权限。普通员工即使想要在外网上下载一个工作需要的控件，也必须得到领导的批准。在银行，要想获得领导的批准需要经过正式的程序，必须要走"签报"。"权限"是由权力顶端由上至下一级一级下沉，而"签报"则是从权力底端由下至上一级一级到达权力的顶端；两项制度最终在权力的顶端会合，从而建构起象征整个PP银行信贷部门等级结构的金字塔。这一结构类似于韦伯构建的"科层制"，练达的专业活动、权限的划分和金字塔式的等级服从关系构成了一个系统的统治技术体系。虽然金字塔式的科层制最初产生于现代化的理性，但其本身在发展过程中却出现了低效率、官僚化和压抑人性的反理性倾向，最终的结果是工具理性对价值理性的驱逐。在银行日常结构的运作中，从发起签报到签报最终审批完成的流程至少要持续一个星期。"在银行，你想要做成什么事情，不走签报是不可能的。但是一走签报，少则两三天，多则半个月，其实是很耽误事情的。"（前台员工，沈某）

金字塔式的科层制结构在很大程度上降低了运作效率，这与银行强调的"高效工作"显然是相悖的。为了尽可能地提高效率，银行默许员工在实际工作中采用"先斩后奏"的形式，即先通过后审批来缩短整个流程的时间。但这样做的前提是，必须通过电话或邮件向上级申请，并得到他们的批准。事实上，领导在进行上传下达的时候往往会采用电话或邮件等非正式的形式来通知个人。在突发情况下，领导是可以绕过金字塔的层级直接找到他最需要的那个人，但员工越过自己的直接上级去向更高层级领导汇报的行为是不被允许的。这种越级的行为被认为是不守规矩和无视制度的表现：

一般来说，上级主要通过电话和邮件的方式给员工布置任务。因为他们经常在出差。当然，如果恰好在公司，他会把你叫到办公室里，告诉你他想要什么，你需要做什么，以及你需要在什么时间内完成。当你接手了这项任务以后，要随时与你的上级汇报任务的进展情况，因为他总是想了解最新的信息，以便掌控一切。这就意味着你必须 24 小时保持开机状态，无论你是在家里还是在休假，无论时间是周末或者是下班后，只要领导想要找你，你就必须要让他找到，否则你就死定了。（前台员工，张某）

任务的完成并不代表事情的结束，员工仍需要按照领导的意见进行反复修改，尽管在多数情况下这种修改只是在细节上的完善。

其实我在银行干了那么些年，就没发现有一次通过的任务。PPT，明明已经没有什么问题，但领导一定要让我改格式，改字体，尽可能做得美观一些。反正无论你的工作完成度如何，即使真的没有问题，领导也总能挑出他不满意的地方让你修改。（前台员工，吴某）

事实上，领导正是通过让员工在修改的过程中不断确认并认同自己的意见来树立领导型权威，从而进一步巩固领导与员工之间支配与被支配的权力关系。

四、工作年限和工作经验的等级化

在前台员工内部，也存在着因入行年限和经验产生的结构性分化。除了个人才能以外，银行十分看重员工的工作年限和工作经验。不仅将工作年限（简称工龄）作为绩效考核的重要指标，还将其作为制定员工薪酬标准的主要依据。一般来说，员工的工资是随着工作年限的增长而稳步提升的，两者是正相关关系。除了工资，员工福利也和工作年限挂钩。就年假来说，刚入职的新人没有年假，入职一年后才有三天的年假，而工作了五年的同事则有七天的年假。除此之外，小到报销的额度、每个月的各种补贴，大到年终奖的金额都因工作年限不同而呈现出巨大差异。

工作年限不仅影响着员工的经济结构，还决定着他在整个银行中的社会地位和名誉。在银行，工作年限超过三年的老员工往往被同事尊称为"老师"。他们虽然未取得等级制度中的正式权力，却凭借丰富的工作经验和娴熟的业务知识获得同事们的认可，社会地位很高。而刚入职的新人就自然成为银行科层制中的最底层。作为新人的应届毕业生必须接受一个月的业务培训，了解基本的信贷知识，之后要经历四个月的实习，待实习结束通过考核以后才有资格转正。在实习期间，新人对工作只有建议权而没有决定权，他们的权限是受控制的，每天都要向工作经验丰富的同事们学习。一般来说，每一位实习生都有一个固定的带教老师，但这种师生关系是单向度的，即学生必须对老师负责，而老师没有必要对学生负责。在绝大部分时间里，实习生主要靠自学，也是个人主义的一种培养，意在学会自力更生。他们坐在老师旁边，通过观察和提问学习如何操作。"老师从来不教我们，因为他根本没有时间。我们从一开始就被告知要学会自学，因为没有人会对我们负责，只有我们自己对自己负责。"虽然老师没有教授实习生的义务，但学生需要对老师负责，因此老师往往会把相关的行政事务，甚至个人的私事交给实习生处理。这被称为"干私活"。实习生更类似于在扮演"小秘书"的角色。例如寄快递、报销、贴发票、订午餐、打印文件、修改PPT等闲杂事务都是由实习生一手包办的。在实习期间，实习生通常是以恭敬的态度来迎合老师的需求，基本是有求必应，而且认真完成老师交代的每一项任务，生怕因为不小心得罪了他们而无法转正，这样的处事方式被他们戏称为"夹着尾巴做人"。实习生小周告诉笔者："当时进银行的时候，野心很大，谁知道实习的时候老让我们做些跑腿的事情，给他们打杂，虽然心里很不爽吧，但也不敢反抗，还是得屁颠屁颠地去跑腿。毕竟能得到这样一份工作不容易。"虽然新人在前台员工中处于不受重视的地位，但他们还是保持了作为前台员工的优越感。

在笔者问新人是否愿意去后台轮岗时，他们普遍表示了拒绝："我们是公司以管培生的名义招进来的，将来要从事的是最有价值的职位。对于后台的工作我不感兴趣。"（实习生，小钟）在实习的过程中，新人也往往将自己与中台和后台的员工区别开来，认为他们不能与自己所做的工作相提并论。

我现在虽然没有权限能够亲自操作，还要给老师打杂，可是一旦实习期结束，我通过了考核，就能像老师一样正式开始征审工作了。这可跟他们中台和后台的不一样，因为他们永远都不可能有机会从事我们的工作。（实习生，小陈）

在实习生们看来，现在不受重视的地位只是暂时的，等待他们的是充满希望的未来。

银行的等级制从根本上来说就是自上而下的金字塔结构。无论是等级较低的中台员工和后台员工，还是享有各种特权的前台员工，无不在其控制之下。虽然前台员工不断通过着装和用餐等日常生活的实践建构精英化的自我形象，并且在空间分配中享有特权，但他们却被更强的等级制度所形塑，由想象中的精英主体沦为现实中被统治和压抑的对象。除此之外，工作年限和工作经验也是影响其结构性位置的重要社会资本。

拥抱市场：精英文化的市场化

> "在新人们踏入职场的那一刻，他们会发现，等待着他们的并不是阔佬式的挥金如土般的奢侈生活，而是永远也干不完的工作。"
>
> ——电影《华尔街》台词

一、适应市场：市场时间和高强度的加班

虽然地理区位和建筑外观是银行声誉和影响力的重要象征，但银行内部却远没有人们想象的光鲜亮丽。相比于人们对于银行高档奢侈办公环境的想象，PP银行的信贷部门更像是一个大的工厂车间。与现代写字楼普遍流行的"格子间"不同，PP并没有将个人的空间进行"封闭式隔离"，而是简单地以"行"为单位，将行与行之间分割开来。于是，密集的隔间被整齐划一的空间规制取代。然而，空间的统一规制隐喻着监视：每个人的一举一动都暴露在公共空间之下，没有所谓的私密性可言，每个人都是被整齐划一的空间制约着的个体。领导的办公室位于整个工厂的中轴线上的中心位置，是两个正方形隔间，这两个隔间的特别之处在于，里面可以将外面的情况一览无余，而外面的员工却因隔板的遮挡无法看到里面在做什么。两个隔间相背而建，恰

好保护了两间办公室的隐私不被对方看到。这样的空间布局实质上是对福柯（Foucault）"全景性敞视空间"的改造：掌权者为了更好地监视员工而撤掉了阻碍视线的隔板，但员工却无法得知自己是否被监视、在何时被监视，以及被监视了多久。在 PP 银行，高度监视化的工作环境和高强度的工作使其更加类似于吉尔·安德斯基·弗雷泽（Jill Andresky Fraser）笔下的"白领血汗工厂"（Karen Ho，2009）。

赫兹菲尔德（Herzfeld）用"社会时间"和"里程碑时间"分别表达了官方和普罗大众对于"时间"截然不同的理解和态度，社会时间浓缩了人们的日常体验，其所塑造的记忆和解析历史模式充斥着人生百态的烙印，是一种具有各种形状、气味和声音的公共性记忆，而里程碑式的时间意图构建一种静止的、纯洁的、可简约的和具有普世意义的公共记忆模式（Michael Herzfeld，1991）。在 PP 银行，早上九点钟上班，晚上六点钟下班的八小时工作制是官方规定的工作时间。然而，在前台员工们看来，他们的时间是跟着"市场"走的，可明显地分为忙季和闲季。在每个月的月末、每个季度的季末和每年的年底，都是各个支行业绩冲刺的高峰，这往往是他们工作最忙的时候。每天加班到晚上八九点钟是很正常的。春节前后则是闲季。在银行，忙季的时间要远远长于闲季的时间。与传统意义上将春节看作新年开始的时间观不同，金融市场的"新年"比春节有所推迟，往往是在元宵节前后。因为市场往往是在元宵节左右才开始正式启动，从正月初七到正月十五只能算是市场在假期后的"预热"。

我们最清闲的时候，就是春节前后。过了腊月二十八，客户都回家过年了，整个市场一片惨淡。到了每个月月底和每个季度季末，比如 3 月底、6 月底、9 月底和 12 月底就很忙了，你可以看到"市场"的数据，蹭蹭往上升，很猛的。每年的年底都是最忙的时候，因为到年终考核了嘛，客户经理都很拼的，你看看哪个银行在年底的市场不是一片火爆。大家都想把年报的数据拉得好看些，好多拿点年终奖。（前台员工，小潘）

相对于官方规定的八小时工作制，员工们往往更加认同市场的时间，并将自己的时间观看作与金融市场节奏和脉搏同步的内部"生物钟"。金融市场的"生物钟"对于他们来说往往是双重的体验。忙季时，他们感到时间稍纵即逝，难以把握，总是陷入到追求时间的狂热中，而在闲季时，他们又往往感到度日如年，不知道应该如何消磨时间。

忙起来的时候我总觉得时间不够用，都是没日没夜工作。这个时候感觉时间过得好快啊，想要尽可能利用好每一秒钟，可以多做一笔；在闲下来的时候又觉得空虚，不知道做什么，最经常做的事情就是看着屏幕发呆。这个时候又觉得时间过得好慢，不知道应该如何打发时间。（前台员工，小乔）

除了忙季和闲季的区别，前台员工在日常工作时间中的工作量波动并不明显。一般来说，前台员工一天的工作量是由每天早上市场的进件量所决定的。每天早上九点半左右，这一天的进件量就会在墙上的大显示屏中显示出来，并自动生成一个数据，这个数据就是每个前台员工在今天要完成的任务量。实际上，系统每天自动生成的业务量只是一个基准值，做到这个量只能算是及格，只有做到基准值的 1.5 倍，才能拿到满分。对于每一位前台员工来说，这样的规则充满了挑战性，拿到满分是他们的目标。于是，他们往往是在九点半之前就把水打好，上好厕所，以便全力以赴地工作。在正常情况下，每天的基准业务量大概是 18 笔，满分的业务量是 27 笔，按照每一笔花费 25 分钟的时间来算，做满 27 笔大概需要 11 个小时的时间。因而，前台的员工们几乎连上厕所的时间都没有，一直趴在电脑前工作。即使这样，他们还是需要每天加班才能确保任务量拿到满分。

笔者对于前台员工一定要做到满分的行为表示好奇，对此，他们普遍表示，这是对他们个人能力的最好证明。

"我们是作为全国最优秀的人被招进银行的，如何来证明自己的优秀呢？我认为努力把工作做到最好，就是个人能力的体现。"另一位前台员工吴某认为，这种基准值和满分值并行的做法既照顾到能力较差的同事，因为一般人都可以做到基准值，又激励了能力出众的员工努力做到最好，是很适应银行环境的规则。"我想每一位前台员工都会为他们能够拿到满分而骄傲和自豪。因为这充分证明了他们是银行中最优秀的人。"（前台员工，小孙）

在完成业务量以后的第二天早上，系统会自动对每个员工完成的业务量进行统计和排名，并且将这个数据以邮件的形式群发给每一个人。谁做的最多，谁做的最少，谁是第一，谁最后垫底，都在 EXCEL 表格中展现得十分清楚，一目了然，关于业务量的统计排名是完全公开的，目的就是为全体员工施加竞争压力，督促他们完成工作任务。对于前台员工来说，任务量是没有上限的，如果一个人有足够多的时间，他可以无限制地做下去。因此，在业务量的统计排名中，业务量满分并不等于排名靠前，因为总有人做得比满分值还要多。

在前台员工中经常流行着"一哥"、"一姐"、"五十三姐"的绰号，这里的"一哥"和"一姐"是指在业务量排名中经常位居第一的同事。"五十三姐"指的是一位符姓同事，她曾在一天内做了53笔，至今仍保持着"五十三姐"的记录，尚未有人超越。对此，前台员工普遍感受到了竞争的残酷性。

"银行的文化是很残酷的，这种每天排名的方式实际上就是优胜劣汰。如果你很擅长这项工作，那么没有问题，但如果你一直都是中游水平，甚至更差，那么你很快会被筛选出来，成为重点关注对象，如果你还没有进步，对不起，请你离开，总会有人能取代你的位置而且做得比你更好。""在这样的压力下，还有谁会不努力呢，说实在的，我每天忙得连上厕所的时间都没有。"

事实上，除了每日排名以外，系统还会根据每个人的业务量进行整个月的排名，而每个月的最后几名必须要参加"回炉培训"，如果培训之后业绩仍然没有提升，很有可能会被银行开除。在银行，"回炉培训"实际是一个污名化的概念，只有排名垫底的员工才会参加，也就意味着需要参加"回炉培训"的人都没有别人优秀，甚至等于说"你很差劲"。因而大家都想尽办法多做件，以避免被纳入到"回炉培训"中的尴尬。

事实是，大部分前台员工在排名中的差距都很小，分数咬得很紧，为了在残酷的竞争中尽可能占得先机，前台员工们往往选择尽可能利用可以利用的时间来加班，比如周末。"其实大家心里都明白，每个人能力差距都不大，关键就在于时间。谁的时间多，谁会利用时间，谁就能在竞争中排在前面。"在竞争排名的刺激下，PP银行的加班文化就这样形成了。

前台员工小吴对加班是这样描述的：

刚进来的时候我以为加班是不正常的，后来我发觉不加班是不正常的。刚进来的时候我以为周末不用上班，后来发现周末确实不用上班，但大家都自觉过来加班。你看同事们都在加班，如果你不加班的话就会被甩在后面。大家都是名牌学校的高材生，能力能差多少呢，其实比的就是谁更拼。

为了适应市场的节奏，PP 银行特别制定了早晚班制度，早班是早上九点钟上班，下午六点钟下班；晚班是早上十一点钟上班，晚上八点钟下班。但是在员工实际执行的过程中，两个班次并没有实质上的区别，因为上早班的人在大部分情况下都是早上九点钟上班，晚上从六点钟加班到八点钟才下班，上晚班的人则把上班时间提早了两个小时，同样也变为早上九点钟上班，晚上八点钟下班。这在前台员工看来是适应市场时间的调试性策略，"我们的时间其实就是要适应市场的时间，跟八小时工作制没啥关系。要适应市场嘛，就要早来晚走多加班。"（前台员工，小赵）

值得一提的是，银行 HR 在招聘的时候往往倾向于招收应届毕业生，从中挑选出年轻而有野心的单身青年，因为他们往往会工作到强度极限。"如果你是单身，在上海没有房子，家庭又不在上海，那么你有可能会成为最优秀的前台员工。"PP 银行的 HR 沙某将符合上述条件的员工戏称为"三无"：无家，无房，无对象。"只有这样的员工才能不被其他的事情分心，心无旁骛，没有顾虑，可以全身心地投入到工作当中。"目前，在 PP 银行招收的应届生中，有大约 80% 的员工符合"三无"的标准。他们都是外地学生，在上海念书，毕业后便留在上海工作。由于买不起上海的房子，他们只能在公司附近与别人合租。为了改变自己当前困窘的生活条件，他们的确比别人有更强烈的工作动力。

除了工作量上的竞争，银行对于员工的工作质量也有要求。银行定期会组建一个质量抽检小组，由满足一定工作年限的资深员工组成，来抽查每个前台员工的作业质量。时间一般是一个月一次。如果发现差错，会有相应的处罚措施，一个差错扣掉三笔业务量，也就相当于只要做错了一笔，三笔件都算白做了：

> 这是一个压力很大的工作，我想，如果在其他行业，你不小心犯了一个错误，那么大家会说，没关系，改正过来就好了。但银行是默认你不会犯错，因为你是最优秀的。你的文化层次要远远高于从事其他行业的人。如果你不小心算错了一个数字，搞错了一个小数点，他们会说，哦，这里错了，那里也会错，那么整个结论就都错了。所以，你必须做到完全的准确，但这是很难的，每一位员工的压力都很大。但银行要求的就是百分之百的完美。（前台员工，小郑）

相比于压力，前台员工更倾向于将这种高强度的工作挑战看作企业家精神在工作上的贯彻，并且将类似的加班文化解读为充满"进取心"的行为。前台员工小卓对此深有体会，他刚刚从一家信托公司跳槽到 PP 银行：

> 这当然是不一样的，在这里，你周围全都是优秀的人，当然，我并不是说之前的同事们不优秀，但银行的伙伴们的确是很不一样的。在信托公司，他们有不同的背景，对自己的工作前景也有不同的看法，他们中有一些有进取心，有一些确实没有。但是在银行，每个人都有足够的进取心，你周围都是优秀的人，每个人都是那么有竞争力。这是个非常令人兴奋的环境。

员工小施则将高强度的工作视为有效率的表现，并以此来区分银行和其他贯彻八小时工作制的职业，她将实行朝九晚五工作时的职业称为"外面的行业"，将保持着八小时工作时间的工作人员看作不同于他们的"普通人"：

如果你走到外面的世界和普通人一起工作，你会明显感到外面的人没有明确的目标。他们早上九点开始工作，下午五点或六点就下班了，虽然这一天他们也许做了很多事情，但他们可能感觉什么事都没有做，很没有成就感。但我们就不同。每天我们都有明确的目标，要拿到满分，每个人都会为此努力，最后大部分人都达到了，这就是有效率的工作。你看着表格上的数字，告诉自己说你今天又完成了目标，这是很有成就感的事情。

在笔者访谈的很多员工中，他们总是抱有某种"道德优越感"，认为其他行业的工作都很没有效率，因为那些员工们的动作太慢。因而，前台员工对自己高强度的工作和过度加班的文化翻译是，这不仅是他们工作能力的最好证明，也是工作效率的外在表现，是准确、高效和充满进取精神的象征。

但是，在银行，并非所有的员工都享受着高强度的加班文化。中台员工和后台员工有着不同于前台员工的时间安排，他们遵守的是八小时的工作制，早上九点钟上班，晚上六点钟下班，中午有一个小时的午休时间。

后台员工小陈以此来描述他的工作，"我们的工作是相对重复而简单的，没有加班的必要，不像前台工作似的有挑战性。我们期望的就是稳定，能按时上下班就很不错。"而后台员工对于"稳定工作"的看法也往往被前台员工看作没有"进取心"的表现，"稳定就等于止步不前，止步不前就是退步，我们渴望的是每天都要向前进。要不断超越以前的自己。"

高强度的工作对于前台员工来说正是"优秀"、"速度"、"效率"、"努力工作"、"进取"的自我表征，而奉行"朝九晚五"工作制的员工在带有霸权意味的加班文化之下被异化为每天墨守成规，老是看着钟等着下班的"懒人"，成为"静止"、"停滞"和应该被"修剪"的"呆木头"。于是，高强度的加班成为前台员工将自己与那些看着钟点准时下班的中台员工、后台员工以及其他行业的员工区别开来的主要标志。通过每天日常加班的实践，他们将高强度的过度工作内化为证明自己"优秀"的文化基因，并作为理解市场和效率的意识形态，支持着他们建构与市场节奏同步的时间观。

二、感觉市场：有限的理性和市场感

在 PP 银行，前台员工不仅是信贷部门的核心，也是与金融市场联系最为密切的主体。他们工作的主要内容是根据银行的信贷政策对每一笔贷款进行审核，发现其中可能存在的风险点，从而降低银行不良贷款的发生概率。在一般银行的信贷部门中，信贷员需要对每一笔贷款涉及的企业展开详细的实地调查，以全面和深入了解贷款企业的实际经营状况。但是在 PP 银行集中审批的作业模式下，所有的贷款资料都是以数字化的形式上传到电脑中供审批师集中审阅，于是来自全国各地的企业就通过现代化的数字技术将自己的贷款需求反映到审批师处。这种远距离的交易遵循的是一种严格的市场化逻辑。它在促使信贷关系超越地方性的同时，也给人们的经济生活增加了不确定性。时间和空间的限制使审批师无法与客户直接接触，从而将经济实体从其嵌入的社会和文化情境中分离开来，造成了市场的"脱嵌"。在处理"形实分离"的市场信息时，前台员工并没有完全遵循经济学推崇的理性手段，而是在实践中建构出基于有限理性的调适性策略。

经济学的"理性假设"通常认为在经济活动中，每个经济主体所追求的唯一目标是自身经济利益的最优化，并将其视为人类的普遍本性。而人类学倾向于将市场看作一种文化现象，试图通过文化的棱镜透视市场是如何镶嵌到社会文化情境之中并与其发生互动的。在文化人类学的视野中，理性是一种基于具体情境形成的文化图式。即使是在高度理性化的金融市场，仍存在快速的流动性和模糊的不确定性，并成为高风险的主要来源。具有上述特点的金融市场产生了"有限的理性"，并嵌入到风险化的社会文化情境之中，通过经济主体的行为得以体现。通过田野研究，笔者发现，PP 银行审批师的决策并非通过成本-收益或趋利避害原则来对其所面临的一切机会、目标及实现目标的手段进行优化选择，而更多是依赖在日常经济活动中不断被仪式化的习惯。这种习惯主要表现为一种基于经验的本能判断。

PP 银行的前台员工在审批过程中主要分为三步。第一步是市场信息与数据的收集、整理和分类。在 PP 银行，审批师每天早上都要开晨会，晨会的主要内容是由专业的经济分析师介绍最新的宏观经济政策和微观经济数据。在晨会中，每一位审批师都会尽自己最大努力搜索尽可能多的数据信息和多样化的市场解读。在信息高度发达的金融市场，绝大多数审批师都有一个惯例化的分类模式以找到他们偏爱的信息来源。"现在互联网金融啊，大数据啊都特别火，信息多得很，看是看不完的。所以每次开晨会的时候，我都只盯着里面最有用的信息。"（审批师，曹某）当笔者问他们如何界定信息是"最有用的"，审批师张某对此的解释是：

无所谓怎么界定，看个人习惯啦。每个人平时的习惯和喜好都不一样，有些人觉得国泰君安的数据很准，喜欢用国君的，有些人觉得国金证券的数据更有代表性，喜欢国金的，所以这个是因人而异的，和专业水平关系不大。

等信息搜集并整理完毕后，审批师通过设定的网络程序来了解相关金融行业如何对相关的数据信息进行解读。对此，他们有一个共识：数据解读的正确与否并不重要，关键是在多大程度上其他人会相信你的解释。最后一步是确定贷款主体的价值。根据已有数据的分析和解读，并结合银行大的信贷政策，审批师将市场的抽象认识与贷款主体具体的资料进行比较，并对其经营状况进行预测，进而决定哪些贷款主体是有价值的，从而赋予他们贷款资格。其中对市场信息的理解和解释影响并决定着他们对企业经营状况的关键预测和判断。然而在更多情况下，一方面受个人认知能力的局限，另一方面受到市场交易瞬时性的限制，审批师进行决策所依据的数据往往是模棱两可的，这使得审批师根据数据预测市场的行为具有了更大的不确定性。于是，上述的分析性策略经常因为数据的有效性和准确性不足而被审批师抛弃。实际上，决定审批师最终判断的"杀手锏"不是所谓的"分析性逻辑思维"，而是一种关于市场如何反应的本能性直觉。

在田野调查的过程中，前台员工告诉笔者，决定他们判断的不是什么逻辑性的推算，而是一种直觉。

很多情况下，直觉就是一种潜意识的存在。可能你做得多了就会有啦，你没有做过肯定就不会有嘛。这不仅仅是通过后天学习或者培训出来的。你必须自己做，而且每天做，这样直觉才有可能形成。（审批师，吉某）

审批师经常会说他们干掉了一笔贷款，不是因为别的，就是因为两个字——直觉。他们有自己的诀窍，却难以用语言来形容和描述。基于本能的直觉性判断往往包含着运用隐性知识以得出结论的无意识过程。因而，比起科学技术，前台员工更认同于将审批作为一门艺术。

如果你相信自己知道应该如何审批，那你永远是做不好审批的。对于审批来说没有绝对的确定性。审批不是一门科学，而是一门艺术。你很难通过学习掌握它，同样的我们也从不教它。我们只能接触它，然后靠自己去领会。（审批师，朱某）

在笔者问这样一种直觉到底是什么，基本上每一位审批师的答案都相当一致：这是一种市场感。"比如说最近的经济数据反映金价下跌得很厉害，那么我心里大概就有数了。那么最近一期黄金市场价格波动又很明显，这基本反映了近期黄金行业风险就比较大，这就是我说的市场感，讲不清楚啦，但还是蛮准的。"而起源于银行的优秀文化和同步于市场的时间结构是赋予"市场感"合法性的最主要来源。"你可能不太懂，这种市场感不是每个人都有的。只有专业知识扎实并且足够优秀的前台员工才可能会在经验和习惯的累积中慢慢获得这样一种感觉。"而这里提到的习惯和经验不是指历时性的时间累积，而是同步于市场节奏的时间安排。对此，审批师戚某做了很好的诠释："跟着市场走才能感觉到市场的波动，感知市场的趋势。那些按时上下班的人，连市场都不懂，怎么可能知道啥叫市场感。这对他们来说太高深了。"

在经济与社会和文化脱嵌的情境中，由于市场信息是不完全对称的，每个人都不可能获得对于市场的全部信息。金融市场的高速流动性带来了高度的不确定性，使审批师难以根据数据模型的预测结果得出他认为准确的判断，而往往依靠基于经验和习惯的市场感来做出决定。与经济学强调的"绝对理性"不同，PP 银行前台员工的经济行为是通过非理性的直觉判断来完成的，实际是一种伴随着地方性知识的有限理性。类似于人类学宗教研究的"船货崇拜"，阿帕杜莱认为在全球资本主义中同样存在着非理性的神秘因素，因而在某种意义上，新自由主义的核心概念——市场也可以看成是一种宗教崇拜，实质是关于理性和资本的崇拜（Arjun Appadurai，2012）。通过日常经验积累和惯习的养成，PP 银行的前台员工进一步将理性崇拜神秘化，并将其表述为基于经验、习惯和直觉的市场感。

对于市场的感觉来源于前台员工所信奉的优秀文化背景和无限趋近于市场节奏的时间结构，而这种难以言说的市场感无形中强化了前台审批师对于市场本身的话语权，并赋予他们作为金融市场代言人的合法性。通过预测市场走势和分析市场数据，前台员工认为自己把握了市场的"脉搏"，从而拥有了分析和解读市场的权力，以此来建构专属于自我的"市场感"。

三、制造市场：短期的利益和市场波动

实际上，前台审批师不仅是金融市场的代言人和具体化身，也是制造市场的主要能动者。在PP 银行，前台员工通过市场具身化建构的精英文化反过来也在塑造着整个金融市场。首先，他们的时间观是建立在市场时间之上的，追求的是"跟上市场的节奏"。为此，前台的员工们不但对高强度的加班习以为常，还要即时和快速地对市场做出反应。在PP 银行，时效作为测量员工与市场互动的快速程度，是考核员工最重要的指标。前台员工的时效不是以小时或分钟计算的，而是以秒来计算的。时效越短说明反应速度越快，绩效就越高，以此来激励员工在最短的时间内对市场做出积极的反应。

由于市场是瞬息万变的，明天与今天相比可能是沧海桑田，前台员工可

以抓住当下的市场波动，却难以预测长期的市场走势，因而审批师日常的工作实践往往是针对最近市场的短期行为，用他们自己的话来说就是"只看今天，不管明天"。

我们每一天的业务量都只是针对这一天的。如果你在这一天完不成，那你这一天的工资就废了，拿不到多少钱。不管你是明天补还是后天补或者之后加班把量补回来，那都没用了。因为银行要求的是今天的业务量一定要在今天完成。你今天没完成就是没完成，到明天就一切清零，从零开始。明天还有明天的任务。（前台员工，王某）

这导致前台审批师在贷款审批的时候往往只看重贷款主体当前是否有风险，而忽视了长期可能存在的风险隐患。审批师毛某对此表达了自己的看法，"市场是永远不会停止的，别说每一天，就是每一秒都在发生变化，我们只能发现当前的风险点，对于以后的事情谁都不能保证。你看看前两天 P2P 还搞得好好的，今天就曝出有多少坏账。所以我们只对当前做出判断，从不断言未来。""只看当下，不管未来"成为主导他们日常工作实践的主流价值观。

该价值观的内隐意义是，短期利益因为其可见性而比长期利益更加重要。为了最大程度地提高短期效益，PP 银行会定期举办审批工作竞赛，一般是以季度为单位，每个季度一次，大概在 3 月、6 月、9 月和 12 月底。竞赛考核的主要内容是作业量、作业时效和作业质量，其中作业量的分值比重高达 50%，时效和质量则各占 25%。为了在规定的时间内尽可能多地完成任务量，审批师甚至对当前可能存在的风险点进行有选择的忽视，"问题看起来比较明显的肯定过不了，比较隐晦的就算了。如果你仔细看，时间都浪费掉了，那当然做不过别人了。"在短期利益的驱使下，审批师更看重如何在尽可能短的时间内创造出最大的产出，而不是长期的风险权衡。他们倾向于相信足够多的产出可以抵消市场风险。审批师孙某借鉴金融业的专业术语"大数法则"来解释其行为的合理性。"在金融行业，有一个著名的法则叫作大数法则，意思是当样本量足够大的时候，样本自身的风险系数其实是减小了。所以我们对量的追求也是降低风险的一种方法。"（前台员工，李某）于是，在"大数法则"的话语之下，控制风险成为了追求短期利益最大化的附属品。

在 PP 银行，前台员工不仅要在短期利益和长期利益之间做出取舍，还要在利润和风险之间进行平衡。审批师吴某在不经意间谈到了有关"审批师"的隐喻，"有人说，审批师像个警察，这理解就错了。没有利润的存在，审批师便毫无价值。所以，其实审批师更像一个保镖，保护的是利润。"类似的隐喻实际在传达这样的概念，审批师控制风险的最终目的是为了保障利润的最大化。因而，在审批师实际审批的过程中，他们往往会放过处于灰色地带的贷款主体，甚至以更高的利率将贷款贷给资质较差的企业，以赚取更大的利润。"有时候某个企业的资质不是很好也不是很差，就是你否掉也可以，放过也可以，这个时候我们通常要放过。因为这样银行可以多赚些钱嘛。"但是，上述的"越轨"行为是有制度约束的，底线是不能给银行造成损失。在审批师对利润和风险进行权衡的时候，起决定作用的是基于直觉判断的"市场感"。"有时候这个尺度你很难把握，到底是以更高的利润抵消可能的风险，还是以较低的损失弥补更大的损失，你靠逻辑推是推不出答案的，这时候只能靠感觉。"在现实中，利润和风险的动态平衡引发了市场的波动。当利润大于风险时，市场的趋势是上行，最终达到高点；当风险大于利润时，市场的趋势是下行，并最终跌至低谷。

另外，前台审批师之所以敢于将追求利润置于控制风险之上，还有一个重要原因是他们相信国家会对市场进行"救市"。和新自由主义经济学奉行的自由市场话语相反，前台员工认为政府有维持市场秩序的义务。当风险不可控时，他们往往依赖政府给出相应的解决办法，而他们要做的就是专注于即时的利润。然而，在利润大于风险的时期，他们又往往将新自由主义意识形态作为指导自己行为的准则，宣称调节市场的最佳手段是看不见的手。"一般情况下，市场自己可以运行得很好，但也不排除遇到经济危机什么的，市场一下子缓不过来，就要靠政府的力量去救市，帮助经济走出低谷。"

可见，金融市场高度的不确定性在很大程度上是由本文的研究主体在日常生活的实践中制造和建构起来的。为了即时快速地对市场做出反映，他们只关心当下，不在意明天，认为短期利益比长期利益更加重要。在短期利益的驱动下，他们只关注企业当期的风险而忽视了长远的风险隐患，反而增加了风险的不确定性。在利润和风险的动态平衡中，他们往往以追逐利润取代控制风险，甚至将贷款贷给风险很高的企业以赚取更大的利润，而埋下了"次贷危机"的隐患。因此，PP银行前台员工虽然以控制风险为名，却以追求短期利益和利润最大化为实，原本的目的是通过控制风险减少企业的不确定性，最终却让市场的运行偏离了原来的运行轨道，增加了风险性和不稳定性，从而引发了市场频繁的波动。短期内市场在利润的刺激下往往会扶摇直上，但从长期来看，当风险不断累积，最终爆发"次贷危机"时，市场最终会跌至低谷。此时银行再依靠政府介入进行"救市"，通过各种政策迫使市场回归暂时平稳的状态，于是一个新的经济周期又开始了。

PP银行前台员工的日常生活在很大程度上在被市场塑造着。他们都过度工作，并通过高强度的加班来传达他们对"效率"的信仰，以及立即能对市场做出反应的影响力，借此来把自己与那些呆滞和懒惰的员工区分开来。通过对市场的快速回应，PP银行的前台员工对市场数据进行分析，并对市场趋势进行预测，依据是基于经验和习惯积累的本能性直觉，他们称之为"市场感"。"市场感"成为前台员工的身份象征，他们也往往将自己定义为市场的代言人。前台员工通过以上的文化实践掌握了市场的脉搏，并最大程度地适应和还原了市场的节奏，因而获得了"控制"市场的权力，成为市场的具体化身。在控制风险的市场实践中，他们只管当下，不看未来，只追求短期利益，无视长期利益，并将利润最大化置于控制风险的职责之上，从而引发了市场的波动，加剧了市场的不稳定性。因而前台员工的行为在被市场塑造的同时，也在塑造和建构着市场。

结语：流动的工作——走向华尔街

"你知道我的梦想是什么，就是有朝一日，变成电话那一头的人物。"

——电影《华尔街》台词

在改革开放以前，银行作为政府的附属部门一直以"稳定性"著称，那时候一旦进入银行工作就相当于捧上了"铁饭碗"。"铁饭碗"意指工作和收入稳定，可以保证一辈子衣食无忧。与改革开放前相比，当前宏观的经济社会结构发生了重大变迁，银行工作不仅不再是铁饭碗，还具有了高度的不确定性。这主要归结于两个因素，一是改革开放和市场经济体制改革，使得银行由政府的公共性部门转变为市场化的私有企业，丧失了吃"公家饭"的资格。二是全球化的浪潮和资本的流动加剧了金融市场的不确定性，正如阿帕杜莱的全球文化景观论中谈到的金融景观："如今全球资本的配置已成为比以往时候都更神秘、迅速和难以把握的景观，而货币市场、国家证券交易等正让巨额资金以眼花缭乱的速度穿越国家疆界，以至于百分点和时间单位上的微小差异都会造成巨大和截然不同的后果。"（阿帕杜莱，2012）这种资本流动的盲目性既无法预估，也无法计算，更难以收拾，造成了金融景观与全球族群景观和技术景观的断裂，从而增加了全球市场的不稳定性。

在微观的个体生活世界中，PP 银行的前台员工作为金融市场的代言人和具身化象征，通常要尽快对市场做出回应，其日常生活的实践与市场节奏往往是同步的。因而瞬息万变的市场也给他们的工作带来了很大的不稳定性。"如果你想找一个既稳定又安逸的工作，那么银行并不是最好的选择。因为市场的不稳定性，导致你的生活和职业也不是那么稳定。"对此，前台员工往往通过新自由主义式的话语——"企业家精神"来使自己认同于生活和工作的不稳定性，认为通过努力工作和出色表现最终会获得晋升的机会，而在职位间的高度流动性意味着效率，以及个人能力的再次确认。在他们看来，"稳定"是一种充满消极的弱点，意味着因循守旧和不思进取；相对而言，"不稳定"的工作环境则是对市场过程的积极回应，象征着工作的灵活和自由，也意味着对其"勇气"和"价值"的证实。"银行虽然很看重工作年限，但更看重你的工作能力。如果你一直在一个地方待着，不思进取，也不接受新鲜事物，有谁会要你呢？想在银行出人头地，必须要时刻保持对市场的敏锐度，跟上市场的节奏，市场天天在变，你怎么可能一直不变呢？跳槽需要勇气，但不跳槽就等于自毁前程。"

面对不稳定的工作环境，PP 银行的前台员工通常有两种策略选择，这形成了两种不同的职业流动路径：一是向银行内部的上层流动，二是向外部的投行流动。虽然前台员工是 PP 银行中地位最高和最有价值的员工，但他们并不是银行等级结构的顶端，而是被金字塔式的科层制所控制，必须服从于更高权力层级的掌权者。为此，他们往往以获得银行中的最高权力为目标，努力向上流动，希望有一天能够坐上"领导"的位置。然而，银行领导的选拔更看重拉拢资源的网络关系，而不仅仅是优秀的个人能力。"资源"和"关系"是在银行内部实现向上流动最重要的社会资本。"我们的领导不能说能力有多么强，但关系是很牛的。随便一顿饭就能拉到上千万的业务。"对于既没有资源也没有关系的员工来说，他们很难通过个人的努力到达权力的巅峰，"银行领导不是那么好当的，如果你既没钱，又没有关系，那可以不用想了。"在这种情况下，他们往往会选择第二条路径：离开银行，走向投行。

　　笔者通过访谈今年 3 月份刚刚在 PP 银行入职的九名新人，发现他们无一例外都将走向投行作为未来的职业规划。"我们肯定不能在这里干一辈子啊，现在的工作只是暂时的，顶多干个一两年就该跳了。"他们将当前的工作视为暂时性的选择，在两至三年的时间里就会流向新的工作岗位。在访谈中，他们表达了对进入投行工作的强烈愿望。"我这辈子最想进的地方就是投行，因为投行的工作更有挑战性，要求也更高，更能体现我的人生价值。"银行内的绝大多数前台员工也都将投行作为自己的职业理想，现在的工作对于他们来说只是一个暂时的"跳板"："说实话，我只是把 PP 银行作为一个跳板，因为投行要求太高，现在达不到，在这里先干上两年，积累一下经验，好好学习和提升自己，为将来去投行做准备。"（前台员工，徐某）

　　在他们看来，国内的商业银行因为政策性保护并没有充分"市场化"，也没有完全"全球化"。"国内的银行目前都没有实现利率市场化，本质上还是政府扶持的，这一点与国外的银行很不一样。要想真正体验市场交易的快感，还是要去国外，比如华尔街啊。在华尔街，你才真正可以体会一夜暴富和一夜破产的落差感。如果你能在华尔街混成一个人物，那就太厉害了。"（前台员工，胡某）通过访谈 HR，笔者了解到 PP 银行的员工离职率基本每年都保持在 10% 的状态，但这个数字是经过修饰的，员工每年的实际离职率高达 20%，其中还不包括有离职意愿但尚未行动的员工。"银行以前是铁饭碗，大家都喜欢稳定，现在时代变了，大家都觉得稳定就是没能力，是不思进取，于是就想跳槽，想换更赚钱的工作，过更好的生活。虽然我们的合同是三年一签，但很多人不到三年就走了。"当笔者问离开的员工都流向了哪里，HR 给出的答案是绝大多数人都选择了投行。"其实在大家看来，国内的全国性的股份制银行区别都不大，比如工行和建行，招行和交行，在这些银行里跳来跳去没啥意思。投行就不一样了，高大上啊，那感觉就像把全世界的钱都握在手里。"投行作为高度市场化、全球化和资本化的象征，在员工心目中的地位远远高于普通的 PP 银行。

与当前的工作相比，PP 银行的前台员工们认为进入投行工作更能够彰显他们的专业与影响力，因而不假思索地接受并迎合新自由主义的价值观，投身到高度逐利、高度竞争和高度个人主义的环境中。他们通过日常生活的衣食住行各个方面建构出洁净 / 肮脏，精英 / 平民，聪明 / 平庸，勤奋 / 懒惰等二元对立的意义结构，并以空间的区隔和时间的市场化将自己与银行的其他员工区分开来，强化自己的"精英文化"，以提高自己在权力和文化等级中的地位。通过高强度的加班文化和长时间的工作，PP 银行的员工将新自由主义价值观身体化，并即时回应着市场的节奏，在被市场塑造的同时也在塑造和生产着市场。他们以名校出身和金融专业知识作为自己的社会和文化资本，不断追随着资本流动的脚步；他们不安于当下，以工作的不稳定作为"勇气"

和"进取心"的积极暗示，将象征着高端全球化的投行作为自己毕生奋斗的终极目标，并把成为美国华尔街的人物作为人生梦想。

新自由主义作为一种意识形态往往将市场高度抽象化为超越社会和文化语境的存在，并将市场的波动自然化为循环往复的"经济周期"，认为市场是由看不见的手控制的。为了追求纯粹和完美的市场，而将经济与社会和文化分离开来。然而，通过本文研究得出的结论是，市场并非抽象的经济学话语，而是一种工作和生活习惯，更是一系列的价值观念和实践方式。活跃在金融市场中的，主要是毕业于名牌大学的"优秀管培生"，他们将自己视为社会精英，把不稳定、高强度、长工时的工作看作挑战而非负担，强调对市场回应的即时性和快速性，勇于在不做长计划下冒险，重视短期的利益，并追逐利润的最大化。这种新自由主义导向的文化价值观和处事方式不仅主宰了活跃其中的商业银行的运作，更渗透到整个金融行业，成为塑造金融市场和建构金融文化霸权的最主要力量。通过还原市场交易的具体过程，可见市场的起伏与波动在很大程度上是建构于研究主体的日常生活实践。他们的决定与行动在相当程度上仅以"短期利益"为目标考量，并不顾及长期的后果。与控制风险相比，他们更加被追逐利润所诱惑，从而造成了金融市场的风险性和不确定性。

总之，市场作为一种文化的系统，既将社会性嵌入在重要的社会关系网络中，又将文化性嵌入在由规则、规范和认知脚本构成的意义系统中。从长期的过程来看，经济、社会和文化是相互嵌合、相互生成的关系：文化维持着结构，结构塑造着经济，经济校正着文化，这是一个无止境的动态循环过程，也是市场的生产和再生产过程。因此市场本不是一个抽象的经济概念，市场行为嵌合于社会与文化之意义中，并由它们生产和塑造着。

参考文献

［1］格尔茨著，纳日碧力戈译.文化的解释 [M].上海：上海人民出版社，1999: 256.

［2］布迪厄著，李猛、李康译.实践与反思 [M].北京：中央编译出版社，1998: 153.

［3］布迪厄著，蒋梓骅.实践感 [M].北京：译林出版社，2012: 32.

［4］玛丽·道格拉斯著，黄剑波译.洁净与危险 [M].北京：民族出版社，2008: 23.

［5］阿帕杜莱著，刘冉译.消散的现代性 [M].上海：上海三联书店，2012: 152–153.

［6］马克斯·韦伯著，阎克文译.经济与社会（第一卷）[M].上海：上海人民出版社，2012: 286.

［7］马克斯·韦伯著，于晓、陈维纲等译.新教伦理与资本主义精神 [M].桂林：广西师范大学出版社，2010: 123.

［8］马克·格兰诺维特等著，瞿铁鹏等译.经济生活中的社会学 [M].上海：上海人民出版社，2014: 106.

［9］阿诺尔德·范热内普著，张举文译.过渡礼仪 [M].北京：商务印书馆，2010: 56.

［10］Michael Herzfeld. 1991. *A Place in History: Social and Monumental Time in a Cretan Town*. Princeton: Princeton University Press.

［11］Karen Ho. 2009. *Liquidated: an ethnography of Wall Street*. Durham: Duke University Press.

［12］Appadurai, Arjun. 2011. "The Ghost in the Financial Machine." *Public Culture* 23 (3): 517–539.

［13］Appadurai, Arjun. 2012. "The Spirit of Calculation." *Cambridge Anthropology* 20 (1): 3–17.

［14］Abolafia, M. Y. 1996. *Making markets: Opportunism and restraint on Wall Street*. Cambridge, MA: Harvard University Press.

［15］Daromir, Rudnyckyj. "Beyond Culture and Society: Prospects for Ethnographies of Finance." *Journal of Business Anthropology* 2 (1), Spring 2013.

田野现场

矛盾与调适：
女仆咖啡店内的女仆服务员从业心态研究

● 杜世超　孟逸　孙慈愍　徐禾嘉　孙悦　李涵　小林金平

【摘要】女仆咖啡厅作为日本动漫产业化的代表，近年来在中国日渐风靡。咖啡厅内的女仆从业人员在选择这个被边缘化的职业的过程中，经历了来自择业价值观和职业日常工作之间的矛盾。本研究通过田野研究等质性方法，从女仆对于职业的矛盾认知和她们相应的应对策略来展现女仆服务员的从业心态，并且提出了身体价值与身体物化之间的矛盾这一概念，并且沿用身体政治理论和认知失调理论来展现女仆对于工作的意义解释。

【关键词】矛盾认知，调试策略，身体，身体政治

一、研究背景

女仆咖啡厅是一种新兴的行业，起源于 1998 年 8 月在东京角色展中以游戏《欢迎来到》（Pia Carrot）为蓝本的咖啡厅，服务员们穿着《欢迎来到》的制服点单受到群众的好评，其后在日本形成一股风潮。女仆咖啡厅早期在日本东京都秋叶原电器街开始兴起，之后扩展至全日本各地。餐点内容类似咖

啡店，然而服务人员的穿着却源于 19 世纪维多利亚女王时期的女仆装，这些女服务生往往是年轻、可爱且有吸引力的少女。她们主要身穿由黑色衣料和白色围裙组成的女仆服，其中又可分成维多利亚式和法国式风格，并戴上猫耳等额外的配饰。女仆咖啡厅为顾客所提供的基本服务与传统咖啡店的服务是一致的，但通常还会加上与女仆拍照、共同玩电玩游戏或者一同欣赏日本动画等各式互动。随着女仆咖啡厅的成功，这类借由角色扮演来吸引客户的店面也纷纷出现，俨然成为一种亚文化。

针对这种现象，早期不乏表示不解的人，"女仆装扮有点夸张"、"哗众取宠"、"为咖啡店造噱头"这样的评价不绝于耳。"刚听说这家店，总觉得他们的服务太特殊了，女仆服务难免给人某种暗示。"但随着社会多元化的发展，更多人开始接受女仆咖啡屋，并认为女仆咖啡屋的出现是消费服务需求出现多元化的一种表现，只要在服务范围、服务内容上是健康的，就没有问题。

事实上，不仅是消费者存在上述的矛盾的认知，女仆咖啡店内的从业人员对行业的理解和自身身份认同也不可避免地会产生矛盾和挣扎，尽管这种认知是在不断变化的。但是，对于女仆咖啡厅的舆论大多停留在其运营情况的层面，没有涉及女仆咖啡屋内的女仆从业人员的从业心态以及她们对于职业的认知和理解。基于这种背景，我们研究小组决定开展田野研究，走进现场，通过观察、访谈、实物分析等研究方法对女仆咖啡店的运作情况一探究竟，即她们如何提供服务，并运用何种策略来吸引顾客，以及女仆从业人员是否对工作存在矛盾认知和相应的调适？在分析数据的基础上，我们小组对女仆咖啡店行业的择业现实、意义解释、调适策略做了详细的路径分析。

研究综述

作为外来亚文化的载体，目前国内对于女仆咖啡屋的研究从学术角度出发的极少，通常，女仆咖啡屋仍然被视为一种新出现的小众社会现象，甚至很多时候是以一种"社会异象"的形象被描述的，缺乏涉及女仆咖啡屋发展现状、文化背景和对消费与符号化的深层剖析。

在中国，女仆咖啡屋的发展现状能够直接从相关的新闻报道中笼统地了解到。例如陶涛（2011）的《女仆加动漫，救活料理店》、《现代经营》杂志的《大学生开女仆咖啡店，靠个性挣钱》（2013）都对女仆咖啡店的经营和特点进行了描述。在其他研究与描述中，女仆咖啡店被定义为一种交流的场所，将角色扮演带入了工作场所。女仆咖啡店主要雇用年轻的女孩，为男性顾客提供不带性意味的互动服务，建立起了一种"在家"的主人角色，使得顾客能够短暂地从现实工作和生活中脱离。无论是在接受服务、玩游戏或是些店内交流日志或个人面对面交流中，女仆咖啡店的核心都是交流（Galbraith，2009）。

由于女仆咖啡屋的形式起源于日本动漫文化，相关研究若是脱离了这一议题必然有失偏颇。部分研究者将日本动漫文化和消费符号化联系在一起，并以角色社会化的观点来支撑亚文化群体的身份塑造和符号消费。在日本发达的动漫产业和浓厚的动漫文化氛围影响下，催生出了"御宅族"①这一亚文化群体。御宅族生活方式的最大特点表现为生活融入动漫，动漫融入生活（博日吉汗卓娜，2014）。御宅族身份的建构背后包含两种含义，其表层是对个人风格的塑造和张扬，如独特的言谈举止、着装风格、消费行为及在公开

---

① 御宅族：起源于日本，指热衷且精通动漫和电脑游戏的人群，通常他们喜欢动漫人物超过现实人物，不参与现实社交活动。

场合的角色表演等，从而获得某种日常生活中得不到的快感；其深层则是在动漫生活中对自我身份的建构与表达，以此来达到自我认同和群体认同的实现。动漫文化作为一种共享的文化符号，其所承载的象征意义内化于御宅族这一群体的价值观中。动漫角色所呈现出的世界观及其附着的各种文化内涵、象征意义已经成为人们精神的寄托和心灵的归宿。在消费文化价值观之下，符号价值的消费已经演化成在现代社会中占主导地位的生活方式，这种角色意识，使得角色及角色认同在日本社会已成为个人、群体，以及各种经济社会组织的标志和交流的介质（韩若冰，2013）。

　　置于当代社会文化发展的大背景下，对于当代文化而言，消费已不再是一种纯粹的经济行为，同时也是一种文化行为。各种文化形式成为用来谋利的工具，乃至一种纯粹的消费品；经济领域为一种特定的文化精神气质所笼罩，这也就是劝诱人们拼命消费、尽力享受的享乐主义价值观（桂勇，1995）。各种文化样式消费品的转化决定了它们必须符合广大消费者的要求，必须具有煽情性，必须教会和引诱人们进行不断的消费，这就加强了体现在经济消费行为中的享乐主义倾向。消费主义作为一种新的意识形态，不同于一般经济意义的消费。消费主义是指一种生活方式，消费的目的不是为了实际需要的满足，而是不断追求被制造出来、被刺激起来的欲望的满足，换句话说，人们所消费的，不是商品和服务的使用价值，而是它们的符号象征意义（杨魁，2003）。

　　就女仆咖啡厅而言，其以御宅族作为主要服务的对象和商业策略的指向性也很明确。借助了女仆这一动漫元素向消费者提供独特的体验，大多数女仆咖啡厅的待客礼仪和服务项目，以及女仆的服装也是重要的标志和特色。通过这种角色扮演，女仆的身体被玩偶化并与其肉体的身体性发生脱离（韩若冰，2013），承载了更多的符号化的消费价值。对原有"母体"文化所产生的形象符号进行消费，并在消费过程中，以自身的身体承载了"母体"文化的部分特征，作为亚文化群体自身建构身份认同服务（蒲薇，2014）。

最后一类文献是从社会边缘化职业从业人员心态演变的方面，间接给予研究以启示的。女性在职业认知中比男性更容易遇到矛盾的冲击，因为在社会文化以及择业现实之间，女性遇到的不平衡会更多。而福柯认为机构对于从业人员会有身体上的规训，通过身体政治的方式来控制他们的行为，并且改变心理认知。

以上三类文献对于理解女仆咖啡屋很有帮助，但其中存在一个共同的问题，就是对于女仆咖啡屋中女仆服务员这一群体的观察不够，行文中也只是偶有提及，基本没有深入的研究。对于女仆咖啡店中女仆的微观研究能够有效地连接宏观文化背景与微观个体的选择，从而对亚文化影响下的女仆从业人员有更深入的理解。

田野进入、观察、访谈及数据

在田野研究过程中，本小组主要采用了深度访谈、"影随"（shadowing）和观察的方式，通过预调查，选定了"萌果酱女仆咖啡屋"、"MOEMOE 咖啡店"和"樱束の屋女仆咖啡店"三处作为田野现场。在选择观察点时我们首先考虑了地理位置、交通方式等成本因素，为了节约时间成本，我们主要选择了距上海市杨浦区较近的女仆咖啡店。另外，我们选择观察点的另一个重要因素是女仆咖啡屋的代表性，选择萌果酱女仆咖啡屋就是出于这一考虑，作为上海目前规模最大、历时最久的一家女仆咖啡屋，其行业发展较为规范，是很多新近开设的女仆咖啡屋的参考对象，因此有较好的代表性。

　　在田野进入时，研究者主要采用逐步暴露的方式，在前期征求咖啡店店主以及女仆的知情同意后，再继续进一步的田野活动。

　　最初，观察员以顾客角色进入田野，观察该田野的生态、女仆与顾客之间的互动等。但在第一次田野时，研究者即向店长及女仆表明研究身份、告知田野目的和期望，以及之后的进程和计划，征得同意并确定关系后会进行初步访谈了解情况。之后则以研究者身份进入，在田野中进行观察和数据采集。研究期间如果店内有活动也应积极来参加，以了解女仆咖啡屋运营的多元性，同时增进和女仆的距离，逐渐以"朋友"而非"研究者"的角色与之互动，为以后在女仆工作以外的时间进行"自愿式"访谈打下基础。

　　因此，基于研究者身份的改变，本次田野关系的发展可分为三个阶段。第一阶段是服务供应者与客户的消费关系，第二阶段是研究者与研究对象的专业关系，第三阶段是具有一定信任度的朋友关系。其中也涉及一些伦理问题，将在下一部分进行讨论。

　　在进行田野时，小组成员分为三组，分别长期跟踪三家女仆咖啡店。在分组时，主要是基于性别因素，考虑到女仆可能对女性研究员的接受度较高，所以尽量以男女搭配分组。原计划中，每组在相应的田野现场应当进行至少两次观察和一次"影随"，但事实上，各小组都多次前往观察点，掌握了较详尽的研究资料。最后，每小组会与研究对象进行至少两次访谈，其中包括一次简要访谈和一次深度访谈。为了得到更真实有效的资料，须保证有一次访谈是在女仆业余时间进行的。

　　在处理数据的时候，研究小组注意编码过程中的匿名化处理。比如 YK 指的是 Y 店中的 K 女仆，方便研究过程中的编码，也保护受访者的隐私。

伦理规范

在做质性研究时，伦理规范是我们首要考虑的。

首先，征得"知情同意"是研究者进入田野的前提。尽管女仆咖啡店是个对客人开放营业的场所，来者都是客，但基于对研究对象的权益的保护，我们必须在适当时机公开研究身份、研究内容与研究目的，并在征得同意后再开展进一步的田野活动。

第二，对研究者隐私的保护是规范伦理的重要步骤。在我们的研究中，所有的语音资料、图像资料都必须加密，也不能泄露任何关于被研究的女仆服务员的个人信息。如有需要，在女仆咖啡屋里采集的资料与研究成果，应向研究对象公开。此外，研究结束后，研究者不能肆意传播任何有关这次研究的信息，包括研究结果、研究数据、对女仆服务员的评价等。

第三，考虑到作为营业场所的女仆咖啡屋的开放性、盈利性与服务性，我们必须分清"消费"和"研究回报"之间的关系。虽然在田野研究中，存在着给予研究对象某些物资回报的反馈方式，但是在我们对女仆咖啡屋的研究中，付钱消费女仆、以"陪聊"服务得到的信息与之后的公平回报意义完全不同，不合质性研究的伦理规范。研究者与研究对象之间的对话必须要基于"自愿"的原则，一切有意义的信息都须出于研究对象自愿的交谈，而非付钱强迫的对话。这样，研究者就需要不断地反思与调适自己与女仆之间的角色关系；但须注意的是，研究者与研究对象之间不得产生过于密切的联系，特别是组内的男性研究员。

最后，在田野过程中，研究者不得有影响女仆咖啡屋正常营业的行为，更不能扰乱行业的秩序。此外，研究者也不得在任何场合对女仆行业、该行业消费者做出价值判断，避免以带有个人判断倾向的语言或行为与研究对象互动，更不能对研究对象持轻蔑或轻佻的态度。

二、研究发现

女仆对工作的矛盾认知

女仆服务员这一职业长久以来是受到误解的，其中误解之一就是她们都热爱这个职业才选择成为女仆服务员。在研究的初期，我们也经常能够听到女仆"因为喜欢"、"感觉这个工作很开心，而且比较自由"之类的阐释。但随着研究的深入以及与女仆关系的密切化，我们听到一些不一样的声音。受访女仆 K 表示自己"本来就是不知道要去做什么才做女仆"，并且"女仆咖啡屋是做不长的"。对她们而言，女仆服务员这一工作，谈不上是热爱，最多也只是"觉得不错"，很多女仆将这份工作视为"过渡"，或者是利用闲暇时间"赚点零花钱"，这导致了女仆的高流动率。这已经成为行业内的普遍现象，即女仆对于工作的选择并非出于喜爱，而是一种无奈，甚至有时候她们表示"顾客啊、工作啊什么的让自己蛮烦的"，却依然对外宣称这份职业很开心。那么这种矛盾到底是如何产生的呢？

历史转变："边缘化"的职业

女仆作为一种职业的存在时间并不长，但作为一种社会身份却拥有很长的历史。但无论女仆作为社会身份，或者是职业选择，都处在一种"边缘化"的地位。

早在 19 世纪的欧洲，随着仕绅和贵族阶级的不断壮大，其物质生活不断提升，随之而来的就是需要更多的人口来帮助家务和庄园内的事务，于是就产生了仆役这一职业。当时，整个社会可以粗略地分为三类人群：拥有仆役的人、没有仆役的人以及仆役，可以看出仆役是社会最底层的阶级，而拥有仆役的规模成为彰显社会身份的指标。当时上流社会的女性被要求尽可能什么事都不做，以维持高贵优雅的形象，最好是连穿衣服都能有人帮忙，于是她们必须雇用女性仆役，由此女仆作为一种职业正式形成。但在19世纪后半叶，作为女仆最大雇佣阶层的上流社会逐渐没落，女性工作机会增加并积极参加社会活动，导致了女仆人数的减少。女仆作为时代变迁的牺牲品，开始经历职业制度化的变革。

维多利亚时代迎来最为鼎盛的女仆文化，越来越多的女性加入到女仆的行列，并且产生了"女仆雇佣潮"，当时社会的女性能够直接分为女仆与女仆主两类，即几乎所有自己不是女仆的女性都拥有自己的女仆。也正是在这个时期，女仆的制服制度形成并且被沿用至今，如今女仆形象的构建完全照搬维多利亚时代。但是由于女仆和雇主双方有时候在社会阶层方面很接近，雇主不得不选择采用严厉的态度来对待女仆以区别身份，使得主仆关系不断恶化，女仆这一身份再一次被推向边缘。

随着欧洲民主化进程的推进，女仆在历史的浪潮中销声匿迹。而日本的动漫产业将女仆再一次推向大众视野，许多少女漫画（为了迎合年轻女孩口味而创作的漫画，一般故事情节以恋爱为主）会把主要人物设定为女仆，并且形成了类型化的女仆形象：身穿维多利亚时代的女仆装，样貌清纯可爱，打扮很萌①。此类女仆形象在日本大受欢迎，特别受男性漫画爱好者喜欢。于

---

① 萌：具有可爱的含义，但不同于传统意义的可爱，只要有公认的让人觉得柔软、有趣，或呆板的特点即可，这些特点被统称为"萌点"。萌点包括：粉毛、虎牙、双马尾、眼镜娘等。萌是对人物形象的一种抽象概括。

是很多以女仆服务为主题的咖啡店和餐厅诞生，吸引了"御宅族"的光临。前文提过，第一家女仆咖啡屋诞生于 1998 年日本东京的秋叶原电器街，在日本形成风潮。随着日本漫画和动漫的产业化，女仆文化也开始在全世界流行起来，在中国也吸引了一大批爱好者。近年来，女仆咖啡屋开始在中国（特别是一线城市）盛行，女仆服务员作为职业重新产生。但是，尽管如今的女仆已经不再是一种社会身份，它的诞生依然是动漫产业化的副产品（王冀中，2011），处于一种"边缘化"的地位。

纵观女仆的发展历史，从作为一种社会身份，到作为漫画产业化副产品而存在的职业，一直都处于社会的边缘。加之这个职业没有正式的行业规范和工会组织，以及弱社会关注度，从业的女仆服务员并不能产生强烈的职业认同。"这种工作没什么技术含量，谁都能做，自己也没什么技能，别的也做不了，只好干这一行嘛"，这是来自女仆服务员的真实心声。同样地，职业的边缘化也造就了女仆咖啡屋独特的商业定位和符号化的消费取向。

日常工作：消费符号化与身体物化

女仆咖啡屋为顾客所提供的基本服务与传统咖啡店的服务是一致的，但通常还会加上与女仆的各式互动，如拍照、共同玩电玩游戏或者一同欣赏日本动画等。这些女服务生大多很年轻，工作时需要穿上黑裙子、白围裙之类的维多利亚时代女仆装，或者模仿其他一些动漫人物的装扮以娱乐顾客。这些制服的样式和颜色常因隶属不同店家而有所不同，较常见的差异包括缎带、头饰等，或者是另外戴上猫耳等配饰。此外，部分女仆咖啡屋也会雇用男性服务员，他们被称为"执事"。

女仆咖啡屋的商业定位十分独特，其发轫于东京"御宅族"聚集地——

秋叶原电器街，女仆咖啡屋的商业定位就是这些御宅族，因此，在此进行营销必定会收获大量顾客。中国的女仆咖啡屋大多选址在电器城和大学区的附近，这两个地方也是中国"御宅族"密度最大的地方，所以可认为是商业定位的沿承。此外，女仆咖啡屋不注重对新市场的开拓，而是采用吸引"回头客"的策略，"来的都是一些老顾客，而且我们也会有固定点我们的顾客"。所以，女仆们必须表现出特别的服从来留住这些顾客，这就使得"顾客至上"成为行业文化的主导内容。

　　女仆在咖啡屋内的日常工作很琐碎，从招待顾客、点单，到制作甜点和食物，再到陪顾客聊天、打游戏等，必须面面俱到，而这些服务通常是伴随着符号化过程进行的，这种符号化分为两个层面：物质符号化与身体符号化。在很多女仆咖啡屋中，女仆会称顾客为"主人"，并且给顾客一个铃铛，这个铃铛的作用就是当顾客需要服务时可以摇动铃铛来呼唤女仆，于是铃铛就具有了符号意义，它构建起一种形式意义上的"主仆关系"。此外，女仆日常工作中所穿着的制服，不同于其他咖啡屋中服务人员的制服，其具有的也是符号意义。"制服老板娘会统一买，但如果我们喜欢也可以从老板娘那里买下来。不过我们一般会带私服，自己喜欢也符合要求。"女仆大多不喜欢统一的服装制式，"私服"指的是女仆自行购买穿来上班的女仆装，归女仆自己所有。于是，女仆装就没有普通制服所拥有的统一管理和提升集体意识的功能，而具有了符号性，构建一种女仆的自我身份价值。在田野期间，正值一家受访女仆咖啡屋的"六一"特别庆典活动，在活动中，所有顾客都会获得一包糖果和贴纸，并且女仆会颁发一张奖状，奖状上的内容是："主人在 XX（店名）年度第二学期中，被评为好孩子，特发此状，以资鼓励。"这些"道具"对于来女仆咖啡屋消费的顾客而言，是具有象征意义的符号，它们共同将顾客与女仆之间的"消费者与服务员"的关系构建成"主人与仆人"之间的强联系。

　　另一方面，女仆服务员的身体也是被符号化，或者说是物化的。在女仆咖啡屋的服务范围内，最常见的、也是最具特色的服务内容就是，来店内的顾客可以指定某一名或多名女仆陪他聊天、拍照或者玩游戏，也就是说这些顾客可以占有女仆的时间来进行娱乐消遣活动。对于这一行为，店主、顾客和女仆三方分别给出了不同的"本土语言"，店主称之为"租女仆"；顾客称之为"玩女仆"；女仆则说是顾客来店里"点女仆"。实际上，这是因为三方对于同一行为的理解和期待是不一样的。对店主而言，"租女仆"的潜在含义是顾客通过支付金钱的方式来换取女仆的使用权，其期待是以金钱为手段的等值交换；对顾客而言，"玩女仆"的潜台词就是获得女仆短时间的所有权，从而进行娱乐活动，其期待是对女仆提供的服务进行娱乐和消遣；但女仆在访谈中表示，她们对这两种说法都是很反感的，比较能接受的就是"点女仆"的说法，顾客和女仆的关系建立在女仆提供选择，顾客进行选择的平等关系之上（见表1）。

表1：顾客与女仆关系在本土语言上的冲突

本土语言	使用者	理解	期待	意义	
"租女仆"	店主	交换关系	等值交换	物化的身体：人与物的关系	
"玩女仆"	顾客	所有关系	娱乐消遣		矛盾
"点女仆"	女仆服务员	消费关系	平等选择	人与人的关系	

　　所以，女仆的身体被物化，在工作中成为一种商品，通过金钱进行交换，并且顾客已经认为这种关系理所当然。尽管这种物化身体的状态同样是被构建出来的一种消费模式，并且女仆本人表现出对这种关系的嗤之以鼻，甚至她们自己会冲突性地对其进行反驳，但其还是被制度化，并固定成为了行业

模式。显然，女仆对这种模式是不满的。

在女仆服务员的日常工作中，她们受到来自行业内部制度化的影响，很多符号性的"道具"将她们与顾客之间的联系从"消费者与服务人员"的关系构建成为"主与仆"的关系，并且她们在服务过程中，被行业文化所物化，成为商品进行销售。而女仆们自身对于这种符号性和身体物化的日常工作，表现出不以为然的态度。

择业现实：身体成为价值和资本

当和女仆讨论她们是如何从事这份职业的时候，女仆起初会从这个职业本身谈起，认为女仆这个工作是"开心的"、"自由的"，但随着访谈的深入，逐渐发现这其实是她们对于职业认知失调的自我消解，在选择职业的过程中，很少有女仆是把这份职业作为第一选择的，很多时候，从事这份职业是无奈的选择，但也是必然的选择。

首先，这些女仆都是受日本文化影响的一代。在进行研究的田野中，所有女仆无一例外都是 95 后，年纪最小的是 1999 年出生的，她们一个共同的特点就是对日本文化都比较了解，甚至热爱。在女仆与顾客、女仆与女仆之间的日常交流之中，她们会用很多"行话"，但实际上这些"行话"都是从日本传播到中国的一些"时髦用语"，在喜欢日本文化的年轻人一代中十分新潮，而她们都会比较快地掌握这些"时髦用语"。

"之前在 B 站上看到宅舞的视频，觉得很萌，所以就学了。"
……

"B 站就是 Bilibili，一个可以混 ACGN 的二次元网站，现在很火的，就是看视频的同时还可以发弹幕。宅舞就是宅男爱看的那种舞蹈，就是很可爱的，会刻意卖萌的那种，女仆跳得很多的。萌么就是一种可爱的感觉吧，但又不太一样。总之这些东西你混日本动漫混多了就懂了，说也是说不清的。"

……

"ACGN 就是日本漫画、动漫的总称，好像每个英文字母都对应的一个单词，我记不住了。二次元简单来说就是对动漫和漫画的另一种说法吧。"（YK）

在谈及女仆感兴趣的话题的时候，她们经常会用"时髦用语"来应答，而对这些"时髦用语"的解释，也通常是通过搬出另一个"时髦用语"来完成的。女仆坦言，对于日本文化的喜爱是在做女仆工作之前就已经有的，所以这些日本文化对她们的影响，表现在择业过程中会下意识地选择相关联的行业。

此外，女仆在择业道路上通常会为自己制定一条非常狭隘的择业方向，这种制定是间接的、自我构建的。一方面，女仆从业人员的受教育背景有限，她们自己也承认"很多技术都不会"、"英语我看不懂"，并且自己"也不是很想学"；另一方面，她们"怕苦怕累"，择业时希望寻找轻松的工作。对于整个社会的就业市场而言，一般意义的轻松工作通常需要雄厚的文化资本，或者说需要通过教育背景来换取，而有限的教育水平能带来的就业机会通常也集中在体力劳动领域，这就与女仆口中的"怕苦怕累"产生了矛盾。所以，这些女仆从业人员的择业选择是狭隘的，客观上有限的教育水平使她们没有机会进入精英的劳动力市场，主观上追求安逸的择业心态让她们不愿进入大部分的体力劳动市场。于是，她们的择业方向就只能集中在特殊化的服务性行业。

最后，女仆服务员所信奉的一个择业资本就是她们的身体以及青春。一位女仆很骄傲地叙述：

> 来面试女仆其实也不需要什么特殊的技能，只要长得好看就行了，特别是如果老板娘（店主）说你好看就行了。反正颜值[①]就是标准。（ML）

女仆认为她们的青春貌美能够帮助她们在劳动力市场中脱颖而出，用她们的本土语言就是"吃青春饭"。长得漂亮一直是女仆引以为傲的优点，尽管她们还是会很谦虚地说自己不是最漂亮的，但一位女仆进行了如下表述：

> 我今天都没有化妆，不化妆就不是最好看的了……女仆就应该很漂亮或者很可爱啊，不然主人（顾客）也不会喜欢。最好身材也可以好一点。（ML）

所以女仆很看重自己的身体价值和容貌价值，身体和容貌也成为她们在劳动力市场中的资本。于是在狭隘的就业选择范围之中，"吃青春饭"的行业就会被她们优先选择，加之日本文化的影响，这些年轻貌美却摇摆不定的姑娘们最终进入了女仆服务员的行列（见表2）。

---

① 颜值：容颜的美貌水平。同样属于女仆之间的"时髦用语"。

表 2：女仆服务员的择业路径

		择业现实	择业方向	
远离劳动力市场	客观	教育水平有限	远离精英劳动力市场	女仆服务员
	主观	"怕苦怕累"	远离大部分体力劳动市场	
进入劳动力市场	客观	日本文化影响	进入日本文化相关的劳动力市场	
	主观	对身体价值和容貌的信奉	进入吃"青春饭"的劳动力市场	

　　女仆服务员的择业路径是一个被狭隘化的过程，其中最为关键的就是女仆接受了一种身体价值可以成为劳动力资本的概念。

职业的意义解释：矛盾认知如何产生

　　对于女仆服务员而言，她们对于职业认知矛盾的产生过程源于她们对于身体价值的矛盾认知。一方面，女仆接受了这样一个事实：自己的身体能够成为一种价值和资本，帮助她们找到工作；另一方面，她们又拒绝接受这样的一个现象：女仆服务员的工作中，她们的身体被物化，并且赋予了商品的价值，她们与顾客之间构建起来的主仆关系使得她们的行为必须服从顾客。显然，这之间产生了矛盾，她们通过身体价值进入了一个身体商品化的市场，但是拒绝出售自己的身体价值，于是对于职业的认知失调就产生了。此外，女仆从维多利亚时代的社会身份到现在作为动画产业化副产品的职业，一直处于边缘的地位，得到的关注也很少，加剧了女仆服务员的矛盾认知。有时候，女仆不得不掩藏自己的这种情绪，但从言语中依然透露出她们的不满：

公平吗？如果公平的话，我也要做那个来女仆咖啡屋点女仆的人，一点就点好几个，自己就再也不用听别人的话了。（YK）

在顾客面前快乐、温驯的表现背后，她们其实藏匿了很多的无奈与心理斗争，这就是女仆所表现出的对于工作的集体意义解释：矛盾。

矛盾认知的特殊性：与猫头鹰餐厅的对比

那么这种从业的矛盾认知是女仆服务员独有的，还是类似的服务性行业的通性呢？我们选取了与女仆咖啡厅行业性质相近的猫头鹰（HOOTERS）餐厅进行横向的对比，从行业演变、从业人员日常工作和择业考量方面，归纳出这种矛盾认知是特殊性的存在。

猫头鹰是一家美国知名的连锁快餐店，但让这家快餐店有别于其他快餐店并且风靡全球的是店内的服务员，她们有一个统一的名字"猫头鹰女孩"。猫头鹰女孩在工作中需要穿着统一的白色紧身背心、橙色短裤，除了要完成基本的快餐服务之外，还要主动陪顾客聊天，甚至唱歌跳舞等，以吸引更多的顾客。从这一意义上，猫头鹰餐厅和女仆咖啡屋的行业性质很相近，都是通过服务人员的附加服务来招揽顾客，并且商业定位都是面向来"购买服务"的人群。

但猫头鹰女孩和女仆服务员还是有区别的。首先，尽管猫头鹰餐厅在发展初期被冠以"低俗文化"的称号，并且一直得不到发展，但随着美国啦啦队文化的主流化，猫头鹰餐厅也开始走向主流餐厅，其商业定位就是美国啦啦队文化的产业化。而女仆文化却是作为日本动漫产业化的副产品来发展的，所以一直处于边缘地带。此外，从日常工作而言，猫头鹰女孩招揽顾客、陪顾客聊天是出于主动的工作动机，顾客也不会为此支付额外的费用（当然也可以自发给小费），所以不存在一种构建的强关系来迫使她们的身体成为有价商品，而女仆服务员却经历身体物化的过程。最后，在一份报道中，猫头鹰女孩坦言：

猫头鹰餐厅的宗旨是让我们像美国的啦啦队员一样充满活力、受人欢迎……每一个猫头鹰女孩上岗之前要经历严格的训练，要训练满60个小时。我们的服务要分11步，首先要和客人交流，先要介绍自己，然后再介绍饮料和菜，还要和客人聊聊天，来缩短距离，还要转呼啦圈、跳舞等等。

猫头鹰餐厅的工作是制度化的，正式上岗之前也有系统的培训，所以猫头鹰女孩们在接受工作意义的过程中，除了感受到自己的身体价值之外，更重要的是自己努力和学习的结果。而女仆服务员没有系统的培训，工作本质也是根据顾客要求而灵活变动，获得工作的唯一标准就是"颜值"。从这一点上，二者大相径庭。

表3：猫头鹰女孩与女仆服务员对比

	猫头鹰女孩	女仆服务员
行业发展	从边缘文化走向主流文化	作为副产品的边缘文化
日常工作	没有经历身体物化过程	身体被构建为有价商品
择业现实	学习努力的结果	身体价值的结果

我们虽然没有对猫头鹰女孩进行田野研究，也无从得知猫头鹰女孩对于职业的意义解释中是否存在矛盾的认知，但至少从上述的三个方面可知，女仆服

务员对于职业的矛盾认知在产生路径上是具有特殊性的。但面对这种特殊的矛盾认知，女仆服务员也会通过各种方式进行调适，有直接的自我调适，也有间接的被动调适，这一系列的方式构成了女仆对矛盾认知进行平衡的调适策略。

调适策略

虽然有部分女仆选择离开这个行业来调适矛盾认知，但她们即使离开这个行业，能够从事的工作依然很有限，通常也集中在相关的行业：

女仆不做了，要是自己没什么技能什么的，要做其他工作也不算容易吧，找找贴近的，也就做一点和二次元相关的吧，然后这些也是小姑娘比较合适的轻松工作了呀。（YK）

但对于更大部分的女仆而言，即使她们对工作存在矛盾的心态，依然不会选择离开，而是通过一系列的调适策略来平衡内心的矛盾认知。比如，她们对于工作和生活采取完全不同的策略，时常进行角色的转换：

像我的话平时性格就和在店里很不一样啊，装作一个纯纯的妹子，生活中就是个女汉子。在这里就不会像平时在学校一样，说一些脏话啊粗话啊骂人什么的，然后包括在学校搬水桶，这种事情不可能在店里做啊；在学校也几乎不打扮，就完全不化妆啊。来这边店里也是我长这么大头一次买化妆品。来店里就要更像一个女孩子。（MX）

她们并不会把工作中所不接受的符号性的特征带入个人生活之中，以此获得暂时性的平衡。除此之外，她们还有一系列的调适策略。

心理调适：自我应对策略

心理调适是女仆最主动也最直接的调适策略，她们除了会明确区分工作和生活之外，也会通过对内和对外两种方式进行对矛盾认知的自我消解。对内的方式是指，女仆会给工作的意义赋予一个权重比较轻的重要程度，通常会宣称这个工作只是"玩玩的"、"过渡"的，以此缓解工作认知的矛盾所带来的不安感。在对外的层面，女仆很少让自己身边的人知道自己在做这样一份工作，能隐瞒的尽量隐瞒。对于不能隐瞒的身边人，她们也会有两种应对方式，一种是"虚假身份"，用一个和自己职业比较接近的，并且自己所认可的其他身份来代替，"我会告诉我一部分的朋友我在做 coser①"。另一种是"未尽身份"，将自己职业中自己能接受的一部分告诉对方，而隐藏自己所不接受的部分，"我只告诉我爸妈一半。就是我只跟他们说在咖啡店里做服务员，但没有说是女仆咖啡屋"。

从认知心理学的角度而言，这种对于职业认知的矛盾源于职业行为和自己所惯有的态度不一致，导致认知失调的产生。减少认知失调的方法是多样的，其中减少认知的相对重要性是最常见的方式之一，而女仆服务员正是应用了这种调适机制。

价值调适：对于传统思维的依赖

虽然自己的态度和行为之间存在矛盾，但女仆所接受的择业现实和整个

---

① coser：一种职业，工作内容是模仿动漫或游戏人物，并且进行表演。

社会的文化会通过形塑她们的价值观念来缓解她们的矛盾认知。首先她们对于择业观念会做一个转变，降低工作对她们的重要性，

　　谁说以后一定要找工作了。万一我以后嫁给有钱人，我就一辈子也不用工作了。（MX）

　　此外她们对于工作中被构建出来的主仆关系，即使不喜欢，也会无奈接受，这主要是因为她们在价值观上依然保留着男性对女性有着支配权的思维，

　　女生非要独立自主自己养自己什么的，说那种话的人嘛，肯定要么就是很成功的，赚的钱不比男人少；要么就是长得太难看然后嫁不出去的吧。我觉得毕竟还是女人嘛，总归需要男人宠着的，男人在外面多赚一点钱给女人花么也是正常的。也不是说我不想工作，女人结婚了为家庭牺牲工作也是可以的嘛，带带小孩管管家也很忙的呀。反正如果能不出去工作，我是觉得蛮好的，自己的选择嘛。如果我是男人，我肯定赚钱养家的呀，一样的。（MX）

　　这种对于男权思维的服从也间接来源于社会和工作情境建构出来的对权力关系的要求。在这种传统思维的规范之下，女仆会认为工作对于她们的生活而言不是最重要的，所以即使工作不称心也不要紧，即使不喜欢也可以坚持，因为自己身为女性，在男性的话语权面前显得弱势，这种主仆关系的产生和自己身体成为价值的现实，自己也无力改变，于是通过调适就赋予了它合法性。显然这个过程是会被女权主义者所不满的，但这就是女仆服务员们对于自己工作矛盾认知的调适方式之一。

行为调适：身体政治的渗透

还有一种被动调适方式，也是最为弥散性的调适方式，就是机构和行业文化通过渗透性的权力对女仆服务员的行为进行形塑，这种方式被称为"身体政治"（福柯，2003）。"身体政治"是一种特殊的现代权力模式，表现为两个方面：一是训诫的技巧，或者说是一种权力技术，它把人们安置在一个空间里，促使或限制他们的运动和活动，以及他们的发展和再生产；二是规范化的技巧，即通过构造一种单方面的关于正确与错误的话语，通过依据一种统一的而又是普遍主义的标准来衡量和调节人们的行为，通过以这种特定的话语为基础来界定人们的身份和位置并行使他们的权力（孙立平，1996）。

女仆被置于一个文化空间所建构起来的空间之中，许多带有建构意义的符号也在间接形塑女仆对于工作的意义理解。"穿得像女仆就要表现得像女仆"是她们最常有的表述之一，实际上是行业文化对她们的训诫。而她们也在潜移默化之中接受了这种行为要求，完成了行为上的调适。在田野过程中，还有一个非常有趣的行为调适的过程，那就是"送礼与收礼"的过程。

送礼与收礼

YK 收到了两份来自老顾客的礼物，但是 YK 似乎并不是很喜欢，她对店主说："这个礼物我不要，要不就给你吧。"店主拒绝，她说："客人给你的礼物你就要收下，说明这是人家对你的认可。"YK 退了一步："那黑色那个我留下，白色那个就给你吧。"店主默许。

后来 YK 在访谈中说：

我们经常收到客人的礼物，从小到大什么都有，还有那种很浪漫的 99 朵玫瑰……但是并不是很希望收下这些礼物，因为通常送礼的顾客都是自己比较不喜欢的顾客，收下礼物就感觉亏欠了他们什么。但是老板娘（店主）会坚持让我们收下。

莫斯（莫斯，2002）最早对"礼物"进行系统的研究，他认为礼物的交换是一种整体性的社会事实，他也提出："在接受别人礼物的同时，也是把自己给了别人；之所以把自己也给出去，是因为所欠别人的正是他自己——他本身与他的财物。"所以当女仆接受顾客的礼物之后，就需要用尽可能令对方满意的服务来予以回报，实际上是对顾客的一种亏欠。阎云翔在《流动的礼物》（1999）一书中提出礼物的馈赠是基于互惠原则的，所以顾客在送礼的时候对女仆的行为也是有期待的，因为女仆明白这种期待，所以起先会拒绝。但随着老板娘权力的多重渗透，她们接受了顾客的礼物，并就像她们自己说的那样"亏欠了顾客"，于是就需要通过完成原本自己所不满的那些身体物化行为来实现顾客的预期。在这种送礼和收礼的过程中，建构出来的"主仆关系"被进一步强化，对顾客而言，这种送礼可能出于泛化的互惠原则，但对于女仆而言，礼物背后是一种消极的互惠原则，顾客所期待的远比礼物能带来的价值要多。

送礼和收礼过程给女仆带来的行为的调适是渐进的，女仆就在亏欠感中一点点让步，然后对自己的行为进行调适，最终达到顾客和机构对她们身体所做出的期待。再加之她们心理过程的自我调适以及社会文化赋予她们的价值调适，构成了一系列相互协调和补充的调试策略，消解了她们对于工作的矛盾认知。

总结

女仆咖啡店内的女仆服务员对于工作的意义解释确实是在矛盾认知中建立起来的。这种矛盾的实质是女仆所面临的择业现实以及职业与日常工作之间的矛盾，矛盾的产生过程是女仆一方面承认自己的身体价值，从而凭借身体价值进入这个职业领域，但是却不接受将身体价值商品化的工作要求。此外，女仆这一职业从维多利亚时代的社会身份，到如今作为日本产业化副产品的职业，始终处于社会边缘的地位，加剧了女仆对工作的矛盾认知（见图 1）。

当然，女仆的矛盾认知也会主动或被动地通过各种方式来调适。首先，女仆文化以及机构会通过身体政治，弥散性地改变女仆的行为认知，从而引导女仆完成符合女仆文化与职业规则的活动。其次，社会化的择业现实会通

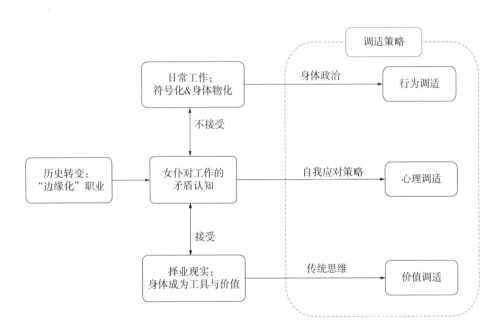

图 1：女仆矛盾认知产生路径图

过对传统思维的固化来平衡女仆面对职业矛盾时的价值解释，以此缓解内心的认知冲突。最后，女仆自己也会通过对内和对外两种自我应对策略来进行心理上的调适。这一系列调适方式构成了调适策略，其与女仆对职业的矛盾认知的产生过程是相对应的。

当然，女仆服务员这一职业是较为小众的，并且也不是对社会发展产生直接价值的一类职业，但通过对女仆矛盾认知的解释，可以理解被间接边缘化的群体的内心转变过程，让每一种文化都能够成为可能。同时，对女仆服务员关于职业意义理解的研究，也可以反映社会亚文化群体以及社会边缘职业从业人员的从业心态，这对了解整个社会的多样性大有裨益。尽管本研究所选取的是一个很小的着眼点，但所期待的是社会多元文化作为整体性的发展。

参考文献

桂勇. 论当代文化的消费主义化 [J]. 复旦学报：社会科学版，1995 (5): 43–47.

杨魁. 消费主义文化的符号化特征与大众传播 [J]. 兰州大学学报：社会科学版，2003，31 (1): 63–67.

韩若冰，韩英. 日本"御宅族"的行为方式及其消费特征 [J]. 山东社会科学，2012 (6): 37.

韩若冰. 动漫·角色·符号：日本当代都市民俗的意义表达 [J]. 民俗研究，2013 (2): 135–146.

博日吉汗卓娜. 我迷故我在——日本动漫御宅族生活方式的人类学研究 [D]. 中国社会科学院，2014

王冀中. 动画产业化经营系统论 [M]. 北京：中国传媒大学出版社，2011

蒲薇. Cosplay：身体符号研究 [D]. 四川师范大学，2014

米歇尔·福柯. 刘北成，杨远婴译. 规训与惩罚 [M]. 北京：生活·读书·新知三联书店，2003

孙立平. "关系"、社会关系与社会结构 [J]. 社会学研究，1996 (5): 20–30.

马塞尔·莫斯. 汲喆译. 礼物 [M]. 上海：上海人民出版社，2002

Patrick W. Galbraith. 2009. "Maid Café Serves Up Japanese Weirdness in Cold Canada". *Metropolis*.

Steve Levenstein. "At Your Service—The Entertainment Dining Phenomenon Shows No Signs of Letting Up". Inventerspot Website. (http://inventorspot.com/articles/i_maid_caf_serves_ japanese_weird_7283)

再造古镇：地方转型背景下的文化旅游实践

● 邹骏飞 [①]

一、绪论

旅游业对东道主国（地区）的社会、经济及文化的影响，是旅游人类学的重要主题。起初，社区原住民在旅游发展过程中的被边缘化现象，引起了西方学者的关注。随着我国各地掀起旅游开发热潮，国内学者也纷纷开始了对旅游社区原住民的研究，主要集中探讨社区原住民与政府、旅游公司和外来务工人员等其他利益群体之间的关系。

赫兹菲尔德（Micheal Herzfeld，1991）在对希腊名镇雷瑟姆诺斯（Rethemonos）的研究中，以社会时间和里程碑时间为分析官方-民间实践的两大维度。其中，社会时间浓缩了小镇居民的日常体验，与日常生活紧密结合，是一种具有各种形状、气味和声音的公共记忆。里程碑时间则代表官僚系统意图构建的一种静止的、纯洁的、简约化的和具有普世意义的公共记忆，传导出一种时空观念，并试图复制、重叠，甚至遮蔽普通大众的"社会时间"。

社会空间是经验化的，也就是说每个人都会通过社会交往与文化体验，

---

① 邹骏飞：复旦人类学2012级硕士研究生。

将自己的价值观加载于生活空间之上。"地方"可以被认定为一个特殊的社会空间，这个地方能够社会性且象征性地区别于其他地方。"再造地方"不仅是一种表述行为、充满活力和创意的过程，而且反映了"全球"与"地方"之间的双向互动过程，在地方制造和空间创造过程中，"全球"与"地方"不仅仅是对立的，还是相对的（Stephan Feuchtwang，2004）。

在其民族志代表作《本乡人和新来者》（*Native and Newcomer: Making and Remaking a Japanese City*）中，人类学家罗伯森（Jennifer Robertson）重点关注的是东京都地区小平（Kodaira）市的本地居民和新近移民共同营造具有"本真性"的日本社区的实践。20世纪80年代，以复兴"传统"为名义所展演的各类节庆仪式蔚然成风。罗伯森发现，在高度城镇化的小平市，像市民节这样的场合有利于让本地人和外来移民形成紧密的社区关系。通过构建类似于市民节这样的文化符号，社区居民完成了重构城市过去并想象城市未来的文化实践（Jennifer Robertson，1991）。

罗伯森的研究是本文重要的研究参考。本文中的田野点是木渎古镇区，因一次陪同老木渎人郭阿姨同游古镇区的"怀旧寻根"之行，引起了笔者对古镇再造实践的关注。在由政府和旅游公司主导、外地人参与度极高的古镇再造实践中，本地的普通民众在扮演什么角色？他们为何缺位？带着这样的疑问，笔者走进古镇区社区，探寻不同身份居民们的生存状态。笔者综合运用参与式观察、深度访谈，辅以档案和相关文献材料分析，以田野洞见为基础，试图论述下列问题：政府和旅游公司通过何种实践再造了当下的古镇景区？外地人和本地人是否认同再造后的古镇？他们在日常实践中如何应对这一古镇再造的过程？

"本地人"指的是生于本地长于本地的居民群体，"外地人"指的是非本地出生、在本地居住时限较短的居民群体。本文一般以能否用地方方言日常交流作为区分"本地人"和"外地人"的标准。值得注意的是，在木渎的语境中，使用"外地人"的称谓时要格外小心，因为这是一个稍带歧视意味的词汇。

本文的研究主体是旅游开发背景下木渎古镇区的古镇再造实践。木渎的古镇再造实践是由地方政府和开发商主导的旅游开发实践，他们塑造并定义了古镇的文化符号。古镇景区中的外来旅游从业者是古镇再造实践的重要参与者，一方面他们利用官方建构的文化符号谋利；另一方面，他们也对既有的文化符号进行修改和补充。在官方和外来经营者再造实践的推动下，本地居民失去了在古镇再造实践中的话语权。木渎的古镇再造成为不需要本地居民参与，只为旅游业而存在的实践。

二、鸟瞰古镇

（一）木渎镇概况

木渎镇地处苏州城西南，北邻苏州国家高新技术开发区，西连苏州国家旅游度假区。地处太湖流域，长江三角洲腹地、上海经济大都市圈内，具有得天独厚的地理环境和自然资源。木渎镇历史悠久，自前 514 年伍子胥建苏州城始，可考的历史距今已有两千五百多年。

作为沟通苏州城和太湖的交通枢纽，木渎自古以来就是经济繁华的商埠。三国时期，木渎沿胥江两岸形成集镇，至宋代，已是苏州城西诸乡镇的中心。清代中叶，木渎已成为大集镇，为吴县西南部各乡镇的物资集散地。民国前期，木渎以米业为龙头，饮食、茶食、糖果业为支柱，其他农副产品齐全。镇内居民稠密，商贾云集，中市、下塘、山塘、东街等渐成市肆，其镇区格局一直保留至今。

康熙三次南巡，每次偏幸木渎；清代乾隆南巡六下江南，六次驻跸木渎，与他的老师沈德潜吟诗唱和，与他的好友徐士元茶棋相娱，留下了一个个脍炙人口的传说。

1949 年解放后，木渎为木渎区人民政府驻地，1952 年升为县属镇，1954 年曾划归为苏州市，1958 年复划归吴县，1985 年金山乡撤销与木渎镇合并。2001 年 2 月，吴县撤市建区，木渎镇归苏州市吴中区管辖。

（二）古镇区概况

本文中的古镇区，即是由山塘街、中市街、南街、西街和下沙街组成的"五街格局"。木渎古镇区水道纵横，街水相连，河道总长近六千米，大小桥梁共 18 座。其中香溪和胥江是两条主要河流，它们在斜桥之下交汇逶迤东去，构成古镇区的人字形骨架。古镇区内河街平行，河路相间，自然巧妙地把水、路、桥、房连成一体，使得临河店铺或住宅享有生活和交通之便利。其中永安桥、西津桥，均为明代石拱桥，属于市级文保单位；吉利桥、太平桥分别为元代和清代旧构，廊桥为清末建筑，保存完好；还有今年修复的斜桥、邾巷桥、虹桥、西安桥、小日晖桥、鹭飞桥等。它们和绵延七千米的石驳岸以及五十多处河埠头，组成了古镇区的水路景象。

（三）社会背景

1. 工业化发展进程

新中国建立后，木渎镇开始逐步发展工业。从 20 世纪 70 年代起，木渎乡镇经济崛起，以建材生意起家，成为吴县市主要工业基地和经济强镇。在

20世纪80年代木渎镇就确定了其性质为吴县市西南部经济、文化、交通中心。木渎曾一度以"工业重镇"的名号蜚声国内，荣获了全国十大百强乡镇企业称号。1985年跻身江苏省当时为数不多的亿元乡镇。作为苏南模式的重要典范，木渎成功孕育了一大批知名地方企业，包括防爆电机厂、第六制药厂、吴盛钢铁厂、骆驼牌电扇厂、金猫水泥厂等。为了发展工业，木渎不仅将大批工厂建在镇郊农田之上，还将古镇区内大量园林遗存拆建为轻工业的车间和仓库。

然而，自20世纪90年代末，随着市场经济改革和外资企业进驻，大批知名乡镇、县属企业和国有企业接连关闭，传统工业企业面临"洗牌"，大量企业工人下岗。

1996年，木渎镇政府在镇区南部规划建设了金桥开发区（原称金桥民营经济开发区），采用建设标准厂房出租等办法招商引资，使得精密机械产业聚集，从而带动了木渎镇民营企业迅速发展。据说，2003年左右，镇上几乎每天有一家私营企业开张，个体工商户达到两千多家。

如今，在木渎镇34.5平方公里范围内，已经有两个工业园区，除了镇区以南的金桥开发区（以民资为主），还有镇区以北的木渎高新科技工业园（以外资企业为主）。我们可以看出，工业在木渎经济发展中扮演着最为重要的角色。木渎正是在经济、工业较为发达的情况下，开始利用历史资源发展旅游业，以此作为它的旧城区（毗邻镇南的民营经济技术开发区）的新经济增长点。

2. 外来人口激增

外来人口激增也是木渎城镇化发展的重要标志。近几年来，整个地区以劳动密集型产业发展的态势促使外来人口成倍增加，木渎镇区不断拓展，人口规模也不断增长。从人口分布来看，木渎镇人口仅次于吴中区中心城区，排名第二。同时，外来人口占常住人口的高比重亦为木渎镇的重要特点之一。统计数据表明，木渎镇外来人口 2006 年比 2001 年增长了十倍多。据 2010 年全国第六次人口普查的数据显示，木渎镇总人口为 30.3 万人，其中户籍人口为 8.2 万人，外来登记人口为 20 万人。如果考虑外来人口未完全登记，实际总量可能更高。他们来自全国各地，以苏北地区居多，所占比例 27%，安徽占 17%，河南占 14.3%，山东占 10%，其他省份占 30%。目前，金桥开发区南区的大部分民营企业即将建成投产，就业所需外来人口未来仍将保持上升趋势。

作为苏州市外来人口占比最高的城镇，外来人口激增导致木渎镇私房出租业的迅速发展，房屋租赁所得成为木渎镇户籍人口年均收入重要的组成部分。由于古镇区内的许多房屋年久失修，多数缺乏完备的生活和卫生设施，租金相对低廉，并且离金桥工业园较近，交通便利，有相当部分的外来人口会选择租住在古镇区内的老宅中。还有一部分在景区内从事旅游相关行业的外来从业者也会就近在古镇区内租房。由于古镇社区的特点，他们的工作和生活空间与原住居民生活空间有很大程度的交叠，因而不可避免地发生互动。

三、再造古镇：来自官方的实践

在 20 世纪 90 年代中期以前，木渎被看成是一个经济发展迅速的工业化城镇。随着国内旅游经济的发展，苏州的其他历史城镇周庄、同里等已经越来越为国内外游客所熟知。在这样的潮流中，在经济较为发达的情况下，木渎开始思考如何开发自身历史资源和发展旅游的问题。而真正促使木渎开始重新审视自身的历史资源和文化遗产，却缘起于一件让人略感尴尬的事情。

1998 年时，木渎与苏州其他古镇一起向上级部门申报"历史文化名镇"

的称号。然而在申请过程中，评审委员会成员反问，作为"历史文化名镇"的候选城市，木渎的历史文化何在？直到此刻，木渎政府才发现古镇"小桥流水"、"粉墙黛瓦"的文化风貌已经遭到严重的破坏，大量历史遗存早已荡然无存。明清时代留下的三十多座私家园林，有不少都被改建为工厂、仓库。曾经的名园严家花园当时已经被镇上的一家农具厂"占据"了，原有的风貌几乎无法辨识；同为名园的古松园原址的一部分是防爆电机厂的车间，另一部分是职工住宿，只留下了门厅、大厅等；榜眼府第里是一家校办工厂，只留下了门厅、大厅、楼厅等少量遗存遗构；而明月寺主体建筑已在"文革"中遭毁，1992 年才开始重新复建。正是源于这次尴尬的申报经历，木渎镇政府开始重视对本镇历史资源和文化资源的开发。

（一）政府和开发商

　　将旅游业引入一个地区是一个任重道远的过程，景区的再造过程对地区以后的走向也有重大的影响。地方政府通常会在旅游开发的过程中扮演重要角色，它们是公共空间的管理者，是景区建设的策划者，还是私产转让的协调者。

　　1998 年木渎镇政府组织相关人员，对木渎全镇传统民居、古宅、园林的情况进行了一次摸底，同时，成立了木渎旅游发展实业公司，并任命兼管木渎镇文化事业的副镇长兼任旅游公司的总经理。木渎镇政府扮演着城市管理者与开发商的双重身份，从政府投资、土地置换、招商引资以及贷款等四个方面来吸引古镇发展资金，先后投入几亿资金，主导着对古镇景区的再造，目的是挖掘古镇的文化资源用于旅游开发。

　　具体措施主要由三部分构成，其一是对包括街道、民居和园林名宅在内的修整和重建，以再现园林之镇的风貌；其二是建设商业设施，开发商业项目，让游客体验明清盛况和贵族生活；其三是以"乾隆皇帝下江南"的历史事件和名人事迹为脚本，策划并开展一系列旅游主题活动，以再现"御驾"情景。

1. 园林景点修缮：再建园林之镇

古镇的修缮工作始于1998年末，政府组织对部分历史遗迹和景点进行抢救性保护和修复，相继修复台湾前"总统"严家淦的故居严家花园、接驾亭和古御道及御码头、晚清文人冯桂芬的宅邸"榜眼府第"、民国"木渎四大首富"之一蔡少渔的府邸"古松园"和明月寺。

1999年4月，榜眼府第和古松园正式对外开放，1999年5月完成了明月寺修复工程，2000年开始山塘街改造，"三线下地"后用花岗石铺成石板路，以保持古镇街道的特色。此外，还修复了三千多米石驳岸和二十多座桥梁，这些都为全面再造古镇风貌打开了局面。2001年3月，修复后的严家花园正式登场，占地16亩。园林由四个各具特色的小景区组成，由西向北而后东，依次为春夏秋冬四同和后花园，曾经逐渐从人们视野里消失的古镇园林风貌慢慢呈现出来。2001年，木渎终于得偿所愿，被授予了江苏省"历史文化名镇"的称号。

2002年初，木渎镇山塘街中心段整治拉开帷幕，以"乾隆六下江南四游木渎"为主线，在山塘街中心地段修复虹饮山房。虹饮山房是清初木渎文人徐士元的私家园林。据传，乾隆下江南每游木渎，必先在此弃舟登岸，入园游历，因而，此处被称为乾隆的民间行宫。纪晓岚、和珅、刘墉等大臣也都曾数次下榻于此。虹饮山房由秀野园和小隐园两处明代园林联袂而成，小隐园为一代"刺绣皇后"沈寿故居。修复后的虹饮山房立刻成为古镇旅游宣传的重点对象。为了充分地展现虹饮山房与皇家的莫逆关系，旅游公司在虹饮山房内设立了科举制度馆和圣旨珍藏馆。科举制度馆中藏有清代科考的各类"执照"、"试题"、"考卷"、"夹带"真迹；圣旨珍藏馆里陈列着清代十位皇帝的二十道圣旨。

此外，木渎镇实施"退二进三"工程，将近二十家企业迁出古镇，修缮了一大批濒临倒塌或将被用于开发房地产的古建筑、古园林。修复后的古镇街区再现了木渎"园林之镇"、"皇家挚爱"的景象，它们承载着古镇精英文化和文人大历史，让木渎拥有了开发古镇旅游的文化资本。

2. 商业项目开发：再现"明清盛况"

在改造修复园林景点的同时，旅游公司还将商业项目引入古镇改造规划。根据古镇改造工程规划，木渎古镇将分别对山塘街、南街、西街、中市街和下沙街进行改造升级，重现历史上《姑苏繁华图》中繁华的"五街格局"。在规划书中有如下表述：

除了山塘街，整体风貌保存相对完整的南街将重点引进茶饮、沙龙、文艺工作室等人文综合业态；西街将充分利用区域内的重要历史建筑、院落以及河街环境氛围，引进集高端会议、餐饮、住宿为一体的企业会所业态，形成具有木渎文化特色的产业街道；中市街将打造成为四季食俗、庙会民俗街区；下沙街则利用下河塘两侧的原生态历史环境氛围，打造成为深度旅游和人文探访的场所。

虽然在"五街格局"的规划中，规划者似乎开始将重点转移到对民间文化和习俗的挖掘，但是这一规划的前提是为了重现乾隆皇帝下江南时的历史风貌。而且，"五街格局"的规划是直接为景区下一步的民宿和夜游项目做铺垫的。目前，古镇正在进行晚景灯光的改造安装，并和一些有经验的民宿旅店接洽。

值得注意的是，旅游公司在开发民宿项目时，并没有考虑和当地居民共同合作，大部分住在当地的居民根本不知道这一计划。旅游公司首先考虑的是与商业公司合作，接洽的这家公司大有来头，号称是"全球最受欢迎的十二家商务酒店"之一的酒店，公司的经营理念是"立足于通过全新的酒店经营管理模式，向世界展现中国精品酒店风貌，弘扬中华文化"。该公司马上就要展开在木渎的一期工程，地点设为虹饮山房东侧房屋，还将聘请故宫御膳房设计机构进行设计建造。

3. 旅游节活动策划：亲临"御驾"现场

在重建基础设施的同时，木渎政府不遗余力地利用各种媒介机会宣传报道，并打出了自己"江南园林古镇"、"乾隆六次到过的地方"的旅游品牌。由此，被遴选出来作为地方文化象征符号的意象频繁地出现在公众面前，借此让这些地方文化特质逐步获得公众认可。政府和旅游公司的旅游宣传很快就有了不俗反响，古镇的知名度不断攀升，游客日益增多。

旅游公司目前主推的大型主题活动有三项，都选在法定节假日和寒暑假等旅游高峰时期。其中，木渎器乐文化旅游月的开展时间是每年10月。10月的每个双休日，在虹饮山房内，举行古筝、笛子、琵琶等各类江南传统器乐演奏。木渎曲艺文化旅游月承接器乐文化旅游月，于每年11月的双休日开展。活动地点依然定在虹饮山房内，届时游客可在亭台楼阁间欣赏吴歌对唱、越剧、昆曲和姑苏小调等表演。

"乾隆六下江南四游木渎"、"乾隆六次到过的地方"是木渎区别于其他江南古镇最重要的旅游名片。因此，木渎古镇御游节无疑成为旅游公司打造木渎古镇旅游品牌最为重视的举措。御游节紧紧围绕"木渎深厚的皇家历史文化底蕴"做文章，以"乾隆游木渎"情景表演为主打活动，通过乾隆皇帝香溪龙舟故地游、文武百官接旨、御码头迎驾和虹饮山房赏戏曲等环节，重现乾隆皇帝下江南巡游木渎的盛况。此外，御游节活动还设计了江南民俗文化展示的配套活动，比如山塘街的"市井叫卖"表演、"舌尖上的木渎美食展销会"和"换龙袍坐皇船"体验。

（二）景区中的外地人

古镇区旅游开发带来的产业结构调整和相关服务产业的兴起，使得外来人口作为旅游服务业的主力军进入社区。这些外地人通常会以两种方式参与到古镇的旅游开发实践中：第一类是文化展演的表演者；第二类是为游客提供旅游服务和旅游商品的旅游商贩。除了利用官方的实践体系和现有的文化资源外，他们还会影响现有的文化元素。

1. 文化展演表演者

尽管作为御游节活动的全权策划者，旅游公司的工作人员清一色都是木渎本地人，但"皇帝驾到"的演员队伍中，只有"乾隆皇帝"的扮演者小蒋是木渎本地人，其他群众演员都由外地人充当。

小胡并不是旅游公司的正式员工，他从安徽到木渎打工已经有六年了，靠"门路"接手了群众演员招募的工作，充当起旅游公司和群众演员之间的"掮客"。除了找演员，他还需要在演出前给群众演员"讲戏"，交代具体流程和注意事项，负责调试电脑和扩音设备。每周他都会在自己的老乡群里发布演员招募广告，每次能招募到的人数时多时少，并不确定。

　　实际表演的许多流程和细节并不会严格按照工作人员制定的脚本进行。表演人员的多寡和对表演流程的熟悉程度会直接影响表演活动的呈现效果。在一次"皇帝驾到"的表演进行时，工作人员发现有一小队侍卫无所事事地站在颁旨台旁，在负责人的提醒下他们才意识到自己跟错了队伍。由于群众演员的流动性很强，这样的乌龙事件经常发生，旅游公司坦言"无所谓"，游客就是"轧闹猛"，也不会当真。

　　表演结束后，小蒋会坐在严家花园门口和工作人员闲聊。小蒋并不喜欢和其他表演者一起待在休息室，而更多选择在严家花园的检票口和工作人员闲聊。用他的话说，"和那些外地人没话聊"，严家花园的工作人员才是自己的同事。严家花园的工作人员对待这些演出人员的态度也并不十分友好。他们经常会抱怨那些群众演员吃完饭以后不把饭盒丢到外面的垃圾桶内，而是丢在院子内的垃圾桶里。他们并不会直接向这些群众演员表示不满，而是跟招募这些演员的负责人小胡抱怨，有时甚至直接跟他说"管好那些外地人"。

　　山塘河上撑船的船娘是古镇内的另一类表演者。她们的报酬主要由接待游客的人次决定，多劳多得，并不领取景区固定工资。她们在撑船的同时，为游客讲解历史故事，如果游客愿意给小费，她们还会为游客唱船歌。

　　但是笔者发现，她们唱船歌所用的语言并不是本地方言。旅游公司的工作人员告诉笔者，其实这些船娘大部分来自安徽，经过筛选、统一培训就可以上岗了。名人轶事只需要熟记在心就行，但船歌小调却很难学会，大部分船娘都没法掌握苏州方言的发音。于是公司采取了折衷的方法，让船娘们学会这些船歌的曲调，用自己家乡的方言哼唱歌词，但是要将发音做一些处理，使得这些小调不容易被外地游客听懂。也就是说，当外地船娘无法满足本地文化展演的要求时，旅游公司被迫调整文化展演的呈现形式来完成这一表演。

此外，这些外地船娘也曾因为经济利益主动要求旅游公司调整表演活动的具体流程，"皇帝驾到"活动中乾隆皇帝"御驾"方式的转变就是明证。起初，这些表演队伍在接驾码头汇合后都走陆路到虹饮山房。当时有很多游客质疑：为什么皇帝没有轿子坐？为此，工作人员调整了行进路线，让皇帝走水路以示优待。至于为什么仍是走水路而不是为皇帝配备轿子，工作人员给了我两个解释，一是轿夫需要训练，不好找而且成本高；二是摇船的船娘主动提出了要让"御驾"走水路，借此机会船娘就向公司要求更多的报酬。

2. 旅游商品的经营者

景区内旅游商品的经营者是山塘街上最为活跃的群体。他们租用沿街的店铺或摊位贩卖小吃和旅游纪念品，提供景点留念照相服务。

近些年，古装摄影店如雨后春笋般冒出来，大多分布在山塘街的左岸，占据了山塘街的"半壁江山"。对于这些遍布景区的古装摄影店，旅游公司其实是乐见它们蓬勃兴旺的。古装摄影店为游客营造出了一种"诗画江南"或是"戏说乾隆"的氛围，这与旅游公司一直以来塑造的"江南名镇、皇家渊源"的旅游形象完全吻合。明清时期皇帝造型和妃嫔的造型是游客选择最多的两类造型。他们遵循官方制定的实践体系，配合景区内已有的资源（如水乡小桥流水的自然环境和明清特色的历史文化背景），为自己谋利，同时也强化了官方塑造的文化符号。

"地方特产"是古镇旅游开发带来的另一大营生。值得注意的是，尽管木渎本地拥有不少传统特产，例如枣泥麻饼，梅花糕、海棠糕和桃酥等糕点，乌米饭和八宝饭等糯米饭点，还有各种口味的松仁粽子糖和牛皮糖，但一种叫芡实糕的舶来"地方特产"却在2013年春天流入景区后，迅速占领了市场。

对于在木渎景区出售芡实糕这件事，大部分本地居民持无所谓的态度。

在他们看来，芡实糕就和其他特产一样，都只是"景区特供"，它们也会出现在同里、周庄和西塘等中国其他地区的景区，那它们组合出现在木渎的山塘街景区也是很正常的事。甚至有受访者乐见此事，他觉得山塘街上经营芡实糕反映了"木渎景区在不断步入正轨"，意思是，至少在特产种类这一方面与其他热门古镇接上了轨。

事实上，即便是枣泥麻饼、粽子糖和其他糕点，这些景区的传统特产也离本地居民很遥远。首先，这些特产基本集中在景区出售，在镇上其他商店中比较少见。其次，本地居民，尤其是中青年，在日常生活中不会主动购买这些特产。他们通常会在两种情况下购买这些特产，一是买给家中的中老年人，二是当作礼品送给外地亲友。有一位年轻受访者表示，由于他喜欢吃麻饼和粽子糖而被周围的朋友调侃为"太老派"。

相比之下，本地和外地经营者对此事的态度则要鲜明得多。本地经营者对芡实糕的出现表现得并不友善。这些本地经营者人数并不多，基本上都生于木渎，常年居住在古镇区，是地地道道的"本地人"。他们的年龄都在50岁以上，经营的基本上都是家庭作坊式的土特产小店，大多是从父辈传承下来的制作手艺。另外，他们出售的特产种类并不丰富，常见的情况是一家店专卖某一样特产。温大伯就是其中之一。温大伯早年在西街上经营一家土特产小作坊，经营的产品是云片糕和麻饼。从2005年开始，他在山塘街上盘下了一家店面继续经营土特产。与以往不同的是，他的生意客户从本地居民转向了外地游客。谈到芡实糕的兴起，温大伯忿忿不平："我从小到大都没听说过芡实糕，我之前的店里也没有卖过。我们木渎人的特产是枣泥麻饼啊……要是要送东西给外地的亲戚朋友肯定也是送麻饼之类的糕点……我肯定是不会觉得芡实糕算特产的，这个事情说起来蛮生气的，游客都是被那些'外地人'误导了，把我们的生意都抢走了。"对于芡实糕，他们的抵制态度较为坚决，不仅不认同芡实糕的特产地位，也没有在自己店里出售芡实糕。

相反，外地经营者却对芡实糕的出现持欢迎态度。梁先生是最早将芡实糕引入景区特产市场的人。2003 年，梁先生独自从安徽到木渎打工，2008年，他看好景区旅游开发的前景，就在山塘街上租了一家门面开始经营特产生意，在此期间，他的妻女也迁来木渎，帮他经营店铺。梁先生引入芡实糕的契机始于 2012 年秋，他的女儿和女婿去浙江西塘镇旅游，带回了西塘特产芡实糕。第二年春天，梁先生通过在西塘镇做特产生意的安徽老乡找到了芡实糕的供应渠道，尝试进了一小批货在店里出售，结果大获成功。看到梁先生的芡实糕生意越来越好，周围其他的商家也纷纷开始销售芡实糕。渐渐地，山塘街上几乎每一家店铺都在销售芡实糕。芡实糕就这样成为了木渎的"特产"。对于特产的态度，梁先生做如下表述："我觉得是不是特产是游客说了算的。我卖芡实糕游客很买账啊，觉得听上去是苏浙一带的东西，总算是这里一块的。反正（游客）买就对了，都是这一块地方的。"

木渎的老字号店铺对待芡实糕的态度是比较特殊的。在芡实糕出现之前，这些老字号店铺一向是作为特产行业内的领头羊引导着整条街的特产市场，但是芡实糕的出现使他们不得不向市场妥协，被迫将芡实糕纳入他们的经营范围。论及此事，分管山塘街某老字号分店的张店长比较无奈："我们一直都是木渎土特产业的龙头老大，从来都只有我们开发改良新产品，其他人跟着我们改的，（芡实糕）这个事还是第一次……我们本来不卖的，但是好多游客进到店里就点名要买芡实糕，来的都是客，现在都是说要满足客户需求嘛，所以我们只好也卖这个……"由"安徽人"外地经营者引入景区的芡实糕，迅速占领了景区特产市场，迫使特产老字号迎合市场，"满足客户需求"，这无疑是旅游市场的胜利。事实上，所谓"地方特产"只依赖于旅游市场和游客经济的需求和买账，官方和本地居民对它的态度已无法改变它在景区旅游市场中的地位。

四、谁之古镇：空间和记忆的重构

（一）古镇空间重组

在木渎古镇区的发展过程中，城市化工业化浪潮和景区的开发再造过程都对古镇区的人口构成和空间关系产生了一定程度的影响。其一，21世纪以来，随着社会经济日益发展和社会环境日趋开放，原有古镇规模远远无法满足工业发展的需要和人口的增长，木渎镇社会经济重心逐渐西移，越来越多的居民开始向古镇区外迁移，古镇区内的本地居民正逐渐外流；其二，古镇区旅游开发带来的产业结构调整和相关服务产业的兴起，使得外来人口作为旅游服务业的主力军进入社区。

1. 居民空间–旅游空间

如今，古镇区居民基本分布在南街、下沙街和书弄的支巷、支弄，其中本地居民主要集中在南街和西街的交汇处，外来人员主要居住在下沙街和西街后半段。这些区域围绕山塘街分布，换言之，山塘街是古镇区的中心街道。然而在田野中，笔者发现本地居民在日常生活中基本不会去山塘街，不会去山塘街上散步购物，更不会去景区的园林里玩赏。本地居民将古镇区划分为两个不同功能的场所——旅游空间和居民空间。

旅游空间，即山塘街，是专属游客的场所，这个场所内的一切，包括销售的商品、举办的活动，都是为游客准备的。在本地居民看来，山塘街和他们的日常生活没有关系。为了避免经过山塘街，他们甚至会选择绕路，宁愿选择更隐蔽更远的小路绕行。旅游业的发展和游客的大量涌入，迫使本地居民发挥对本地环境的掌控能力，不断寻找隐藏在古镇区中的胡同、小街巷和游客并不熟知的饭店，在这一过程中，本地居民为自己建构了一个新的空间，即生活空间，并利用避开旅游空间的方式拉远山塘街与日常生活的心理距离。

本地居民在日常生活中不会食用景区内出售的糕点，也不会使用景区内出售的工艺品。例如，景区出售的服装通常观赏性大于实用性，这种价值错位使得景区商品脱离了居民的日常生活。正因此，旅游空间中的旅游设施和商品从其所处的文化情境和社区居民固有的生活流程中分离出来。

不过，本地居民并不完全排斥景区的园林景点，只是景区的开放时间和门票等一些制度性条例限制了他们对景区设施的利用。在田野中，笔者不止一次听到社区内老年人的抱怨：他们的锻炼时间通常是早上八点前和傍晚五点后，但景点的开放时间是早上九点至傍晚五点，于是他们不得不去较远的灵岩山和木渎公园。另外，目前景区内的景点收费较高，且对本镇居民没有任何优惠措施。更让居民气愤的是，古镇区内景点不在苏州园林年卡的适用范围内，这意味着他们可以用园林卡免费游览苏州其他区县的景点，但是却无法免费参观自家门口的景点。

由此可见，在政府、旅游公司和旅游市场的主导下，旅游空间的商业化和制度化运作迫使本地居民采取避让策略。看似主动的避让策略，事实上是无奈之举。

2. 本地人空间-外地人空间

除了鲜少涉足山塘街，本地居民也极少踏足外地居民的"领地"，例如下沙街。在田野中，笔者发现一个有趣的现象：住在南街上的本地居民觉得去下沙街的距离比去中市街要远。但是从实际距离来看，南街和下沙街之间仅仅隔着一条横向山塘街，步行距离不超过一百米；但是南街和中市街之间却远隔着半条纵向的西街，步行距离超过五百米。

本地居民之所以如此，一是因为本地居民生活的区域内有比较完备的生活设施，如老虎灶、理发店、菜市场、五金店等提供生活必需品，二是本地居民觉得外来人员居住的区域"不安全"、"脏乱差"，外地人"穷，没文化"。

当笔者问及如此评价的缘由时，本地居民会给出许多负面事例来佐证他们的观点，但是这些事大多不发生在本社区，也与本社区内的外地居民毫无关联。它们有的是电视新闻里看到的犯罪案例，也有的是从别处听来的小道消息，还有的是对社区内外地居民某些举动的主观臆想。一些本地居民不仅笃信这些事例的真实性，还乐于在本地人组成的社交圈内传播这些事例。这种将个别事例中外地人的形象泛化为所有外地人的潜在特性的做法，不但遮蔽了其内部重要的差异性，也将他们从活生生的人变为一类缺乏道德感的、异常化的同质性群体。这种去人性化和客体化的话语是对外来人的污名化，外来人和本地人之间不平等的权力关系也就建立起来了（张鹏，2014）。

对于还住在外地居民"领域"内的少数本地居民而言，他们与外地人的互动较多，大多仅限于点头寒暄或收房租。他们对外来居民的认识更立体，不少人评价他们的外地邻居"人都还不错，挺规矩的"。即使对外来居民有抱怨，也主要集中在日常的细节和摩擦，比如某家外地人养的狗随地小便，或是某家外地人随处丢弃的食品加工废料污染了社区环境。本地居民往往将这些细节归因为缺乏社区归属感和责任感，而不会上升到对外地人品德的质疑。

在应对这些摩擦时，如果自身利益没有受到太大影响，本地居民一般会采取忍让的策略，更进一步的策略是向房东抱怨，希望房东出面提醒干涉。

如果摩擦较严重，本地居民感到对自身利益造成比较大的损害时，他们会采取对话协商的方式解决矛盾，偶尔也会有争吵。不过总体来说，本地居民倾向于用较为平和的方式解决摩擦。他们和周围"外地"邻居的交往策略是不冲突不深交，用本地话说是"大家客气"。

3. 构建"熟人空间"

从上文可以看到，古镇区里本地和外来居民的群体关系较为和缓，平时会有一些礼节性和经济性互动，且不会发生激烈的矛盾，但这并不代表二者很好地融合在一起。随着古镇区旅游开发和外来人口涌入，旅游空间和外地人的活动空间膨胀，本地居民的生活空间逐渐被侵占。古镇区中出现了一些具有排他性的、主要由本地人组成的熟人空间，行为的发生均以熟人间的信任和规矩为前提，对话的展开以会说本地方言为基础。

在这些熟人空间中最典型的就是位于西街上的小林理发店。从地理位置来看，西街一带曾是木渎最热闹最繁华的一条街，直到现在，西街上依然保留着裁缝店、五金杂货店、家具店、寿衣店、香烛店等各式商铺。这些店铺虽小，但是辐射力强，例如镇上的居民如果办婚丧喜事，还是会到西街的这些小店铺里置办。小林并不是西街一带唯一的理发店——单是在西街短短百来米的街道上，就开着好几家理发店，除了一家是非常传统老式的小上海理发店外，其余几家都是外地人经营的新式发廊。经笔者观察发现，小林理发店在客源、秩序、服务内容和交流内容这四个方面的特殊性，使它成为专属本地人的熟人空间。

①客源本地化。从客源上来看，街上几家新式发廊的顾客基本是附近居住的外来务工人员，而小林理发店的顾客，中年人居多，如果是小姑娘去理发，大多都会有女性长辈陪同。老顾客口口相传，几乎都是本地人。这里的

"本地人"不只是木渎人，还包括木渎周边城镇的顾客，他们的共同点在于，都会说本地方言。在店内，"官方语言"是木渎本地方言，极少数的普通话交流一般发生在顾客和学徒之间。学徒是这一空间内为数不多的外地人，事实上学徒待满一段时间后，也渐渐能够听懂本地方言，虽然无法直接用方言与顾客和师傅沟通，但是已经可以和说方言的顾客顺利交流了。

②空间布局趋生活化。在空间布局方面，小林理发店前店后家的布局趋于家庭化和生活化。他家对街开着一扇推移式木门，除了夏冬开空调和雨雪天气时会关门外，其余时间都开着门。进入店内，左手边是理发专区，一面半身长镜，镜子前是理发桌，桌上放着各类理发用具，桌下挂着电吹风，桌子前面是三张理发座椅。右手边是焗染烫专区，通常顾客在涂上染发焗发的用剂后，就会移座到这里，带上头套开始焗发。这里还放着很多张凳子，用来给顾客等候排队时坐。大门正对面是洗发池——其实就是一个普通的水池。与一般理发店不同的是，小林店内的厨房与水池仅一墙之隔，如果餐点去理发，还能闻到厨房传出的饭菜香。

③基于信任和规则的秩序。在小林理发店，有一些约定俗成、心照不宣的规矩，而这些规矩是基于熟人间的信任感和责任感。据笔者观察，师傅并不会严格按照先来后到的顺序安排顾客理发，他会根据各人理发所需时长和技术难度来决定顺序，以及由谁来理。

一般来说，他会安排那些耗时短的顾客先理。如果顾客有急事，也可以跟师傅打个招呼。令人惊讶的是，面对这样的安排，其他顾客并不会有太多抱怨。一方面，来他店里的一般都是熟人，大家都懂他这套规矩，可以互相谅解。另一方面，他会注意控制顾客的等候时间，很少会出现让某个顾客等太久的情况，因此也就很少出现顾客因为等候时间而争吵的事。师傅不会为了招揽顾客而故意告诉客人不会等很久。如果实在忙不过来时，师傅会直截了当地告诉客人，现在特别忙，要等很久，最好换个时间来。

在人员的分配方面，如果顾客没有特殊要求，男顾客会安排给学徒，老板娘负责烫焗染以及给老人理发，师傅自己则是"男女老少通吃"。由于小林家的顾客基本上都是回头客，因此大部分情况下，顾客一进店，师傅就知道安排给谁了。

④服务商品化程度低。在笔者的记忆中，他家仅在 2008 年和 2011 年提过价，洗剪吹从 5 元涨至 8 元到现在的 10 元，焗染烫的价格也维持在 60~80元之间。正是这样实惠的价格吸引了许多中老年女性到小林家理发。

除了收费低于同行业标准，小林理发店也不会有推销产品和"过度服务"行为。在愈发强调精致服务的美发行业，仰躺洗头、护发素、头部按摩等拆分的"增值服务"为理发店提供了更多的盈利空间，而小林理发店没有这些服务。

在小林家，剪刀、剃刀和推子是必不可少的传统理发工具。新式发廊的"造型师"曾带着一丝骄傲地告诉我，剪刀剪出来的头发线条更柔和，而且不会让顾客觉得"被扯着头皮"。小林师傅认可了这样的说法，但他强调，只用剪刀理发会很慢，远不如推子和剃头刀有效率，现在那些理发师愿意用剪刀"磨洋工"，因为他们在理发的过程中需要向顾客推销各种美发护发的服务和产品，"把你困在椅子上越久，他们捞得多的可能性越大"。

⑤以空间内所有人员为交流对象，交流内容围绕本地人展开。在店内很少会有一对一的交流，通常情况下都是理发师和顾客（等候的和正在理发的）参与到同一个话题的讨论中。小孩的教育、子女的恋爱婚嫁以及婆媳矛盾是店内的高频话题。

　　笔者曾经遇到过一个印象深刻的场景：小林家对面的五金店老板因为晚上女儿要带男朋友回家吃饭，拿着洗发水和毛巾来店里洗头。小林师傅边给客人理发，边和他聊天，先是开玩笑地说"草脚老丈人见草脚女婿"，之后就好奇地打听年轻人交往的一些细节。尽管在座的顾客大部分并不认识五金店老板，却都纷纷加入到讨论中，发表自己的看法或是分享自己的经历。洗好头后，五金店老板和小林师傅打了声招呼就走了，店里的讨论还在继续。间或有一些街坊来店里串门，小林师傅和老板娘就会把五金店老板家的事告诉他们，街坊听了会先去对门向五金店老板道喜，然后在走街串巷的过程中把这个消息扩散出去。很快，五金店老板家今晚"草脚女婿上门"的消息就传遍了整条街。

　　⑥对外地人的污名化过程。除了婚嫁话题，人们在小林理发店内传播新闻报道的、道听途说的离奇案例，且通常都与外地人有关。例如"我前几天在新闻上看到，陆慕（位于相城区）那边有个来打工的外地人组织同乡的打工女卖淫，还勒索嫖客，特别恶劣，最后被人举报抓进去了"。这些案例常常把外地人塑造成残酷冷血的不法分子形象，并在之后的店聊中成为"典型事例"扩散出去。

　　小林理发店也成为了附近的街坊邻居在茶余饭后联络感情和传播消息的据点。所有对话都是用本地方言进行的，防止了外来人口加入到他们的对话中。可以说，理发店就像是一个"安全阀"，本地居民乐于在这里对社会事件进行价值评判，在这个空间内表达对旅游开发和外来人口的谴责和失望。这可以帮助他们缓解生活空间逐渐被侵入的焦虑和不满，从而避免本地居民、外来居民和游客之间的直接对抗。他们通过犯罪事件将外地人标签化和异常化，把"外地人"建构成内部他者，在一定程度上增强了对自身"本地人"

群体的优越感和认同感。

（二）街区记忆重构

街区记忆是城市记忆中最重要的组成部分。历史街区作为城市中重要的集体记忆场所，所拥有的记忆是街区主体和街区客体在时间中的交互作用过程。街区记忆使城市中存在的纯粹物理空间变成具有环境意义的场所，同时兼顾空间、时间和人的认知，并重在传达外在表现形式中蕴含的内在意义。

在田野调查中，笔者有幸遇到了一位比较特殊的报道人郭阿姨。郭阿姨20世纪60年代出生在木渎，从小生活在南街。在20世纪80年代，郭阿姨离开木渎去外地工作，并定居在外地。她每隔两三年会回木渎与老朋友重聚。2014年夏天，郭阿姨应邀回木渎参加高中同学聚会。借此契机，笔者陪同郭阿姨进行一次怀旧寻根之旅。这次古镇区怀旧之行使笔者开始意识到，官方话语下的旅游开发实践对街区记忆产生了重要的影响。

在20世纪中后期，古镇区是木渎镇的中心，人口最稠密，工商业最发达。而伴随着时代进步和旅游发展，古镇区的传统社会经济中心功能消失，曾经主要服务于本地居民的传统工商业渐渐被旅游商业取代。在外来文化进入、产业类型调整、经济利益驱动等综合因素的影响下，古镇区的空间格局、文化传统、街区风貌和原有的社会关系等遭受巨大冲击，街区记忆淡化。在下文中，笔者将从街道空间、建筑特色和邻里关系三个维度分析古镇区的街区记忆。

1. 街道空间

上文提到，木渎古镇将分别对山塘街、南街、西街、中市街和下沙街进行规划布局、业态引进等各方面的改造升级，力图重现《姑苏繁华图》中的

"五街格局"。然而，在郭阿姨和许多土生土长的本地居民记忆中，古镇区的"五街格局"却是另一番景象。在发展旅游前，山塘街是木渎轻工业和食品工业的聚集地；西街和中市街是木渎的商业中心，西街主要提供杂货类商品和生活服务，中市街负责居民的餐饮娱乐需求；南街和下沙街是居民最主要的聚居区。

现如今，作为古镇区最早的旅游规划线路，山塘街的街道格局和功能变化最为明显。郭阿姨对古松园最深的记忆是她小时候放学后最喜欢在这里玩捉迷藏，因为她母亲是木渎防爆机厂的职员，当时防爆机厂的职工子女托管所就设在古松园原址。正如前文所述，许多工厂的车间和仓库都建在山塘街的园林旧址上，镇上许多居民的父辈都曾是这些工厂的职员，他们大多对山塘街的旅游开发表示不满，一方面是承载自己童年记忆的场所消失了，另一方面是抱怨园林收费过高且对本地居民没有优惠。

相比之下，西街和中市街仍然是商业较为聚集的区域。中市街上除了有木渎的老字号饭店，还有最早开在木渎镇的大型超市——农工商超市。此外，下沙街和南街虽然仍有大量人口聚居，但人口结构和在全镇中的人口占比已与以往大不相同。

为了完成上文提到的"五街格局"规划，南街的拆迁改造正逐步展开。看到曾经生活过的地方沦为一片废墟，郭阿姨心中五味杂陈，既欣喜于故乡之发展，同时也不无忧虑：她担心过快的开发速度、过多的旅游设施改建挤压了古镇区居民的日常生活空间，过度商业化会破坏古镇的原有样貌。

2. 建筑特色

从景区内已完成修缮工作的民间住宅来看，主要是推倒重建。为在外观上符合人们对江南水乡建筑"粉墙黛瓦"的普遍认知，屋顶采用青色或黑色的屋顶瓦片，墙面用青砖横向垒砌，外墙墙体不刷漆或是刷白漆。

在走访中，笔者了解到，新旧墙体的区别在于砖块垒砌的方式。老宅墙体多为两平一侧式（图 2），即先砌两层平砖，再在平砖两侧各立一块侧砖，墙内部有一部分是空心的。它不仅可以省下多达 25% 的建材，而且可以保温防潮。在长三角地区令人困扰的梅雨季节里，空心的墙体可以减少外部的湿气进入屋内，有效降低屋内的湿度，在夏冬季节对调节室内气温也有帮助。这种特殊的砌墙法是本地居民节省建房成本、应对特殊的气候环境而创造的生存性智慧。

而 2000 年以后老宅修缮的方式并没有延续这种做法，多采用全顺式（图 1），就是最常见的每层砖块均以顺砖组砌，上下层左右搭接为半砖的砌墙方式。对此，郭阿姨感到非常惋惜。在未来的古镇区，经过规划、修缮、重建的传统住宅多了一份标准化的江南建筑风格，却少了一份代代相传的民间智慧和建筑特色。

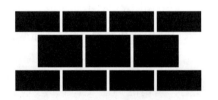

图 1：全顺式平面示意图

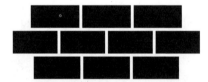

图 2：两平一顺式平面示意图

3. 邻里关系

当一个街区的居民群体以自然的、有机的方式进行延续和更替时，街区记忆信息的传递也是自然和有机的。而当一个历史街区的居民，即街区记忆主体在较短时期内发生较大的整体性变化时，街区内的邻里关系也会相继发生变化。

　　近十年来，古镇区人口规模扩张严重，外来人口增长迅猛。绝大多数本地居民在经济条件改善后就搬离了古镇区，把房子租给外来人口。在这次走访中，郭阿姨在古镇区上只拜访了两位长辈，年龄都在 70 岁以上。当她穿梭在古镇区街巷和筒子楼时，她发现居住在这里的外来人口越来越多，普通话的出现频率越来越高，而说地方方言的人已经越来越少了。郭阿姨难掩伤感之情地说道，等她下次再回木渎时，可能已经不需要再安排古镇区的行程了，估计两三年后，那些生活在古镇区上的熟人也都要搬走了。

　　随着旅游发展与人口置换的持续进行，古镇区居民的社会身份不断复杂化，尤其表现在地域、职业和社会经济地位方面，并由此产生了新的社会问题，如社会个体化与社会关系的破碎、社会认同与凝聚力的下降、地方感的丧失等。在古镇区，传统的邻里关系逐渐被商业邻里关系所取代，以商业街道为单位的新型"邻里关系"正在形成。

五、结论

（一）再造古镇：官方实践与民间实践的博弈

　　古镇再造的官方实践过程是在"看得见的手"和"看不见的手"的共同推动下完成的。

　　"看得见的手"是指镇政府和旅游公司。这种"政府主导型"的旅游开发模式往往意味着政府包办一切，决定着当地是否搞旅游开发、怎样开发，而社区居民在这一过程中处于失声状态，没有发言权。旅游公司对五街格局的布局规划已经涉及了居民的聚居街道。这一开发规划的完成是以将社区居民迁出街道为前提的。在民宿和夜游项目的开发计划中，旅游公司为了解决资金问题进行招商引资，而社区居民却被排除在受益群体之外。旅游节活动的参与主体是旅游公司的员工、外来务工人员和游客。旅游节为吸引游客而重构了皇帝下江南的历史记忆和文人园林的精英文化，却忽视了来自民间的历史、传统和生活记忆。

如果说政府和旅游公司这只"看得见的手"主导了古镇再造的实践过程，那"看不见的手"直接影响了旅游开发的走向。"看不见的手"是指为古镇旅游带去客源和经济效益的旅游市场。不论是旅游品牌的打造还是旅游商品的经营，旅游市场的需求都决定了古镇再造的前进方向。

在"两只手"的作用下，木渎古镇景区逐渐从以本地居民为主体的多元化社会空间，转变为服从于政府开发意图和旅游经济利益的单一功能性旅游空间，与居民生活脱嵌。居民采取的看似主动的避让旅游空间策略，实际上是对政府主导下的景区商业化和制度化的消极抵制。

（二）谁之古镇：夹缝中的古镇区

木渎镇的城市化工业化发展将越来越多的外来人口导入古镇区，旅游开发将外来人口带入古镇区的旅游空间。本地居民在古镇区社区再造的参与过程中逐渐失去了主导权和话语权。

从社会空间来看，本地居民在社区中的活动空间逐渐收缩。一方面，本地居民采取避让策略，将旅游空间避让给以外地人为主的旅游从业者和游客，退缩到自己熟悉的生活空间；另一方面，他们的生活空间也受到外地居民的冲击。本地居民在应对这一群体时采取不冲突不深交的中庸策略，虽然没有激化本地人群体和外地人群体的矛盾，但是对这两个群体的社会融合也没有起到正面作用。

　　从社会记忆来看，政府主导的古镇再造实践使承载记忆的公共空间和地方性的建筑特色在古镇区中渐渐绝迹，而外来人口的涌入也打破了社区内原有的社会关系。作为社会记忆的重要载体，工作空间、民间建筑和社会关系的重构使得本地居民的社会记忆逐渐被磨灭。

　　事实上，笔者在调查中发现，本地居民对社区再造过程中主导权和话语权的丧失并不激愤，而是感到麻木。由于受地域观念和行业观念的影响，本地居民对古镇区的认同感比较有限。在本地人心中，只有三种人会生活在古镇区，老人、穷人和外地人。虽然古镇区的本地居民，有一种高于外地人的优越感，但是由于受到地域观念的影响，他们对古镇区这个社区本身的认同感并不高。"等我女儿 / 儿子结了婚肯定就要搬出去的"，这是绝大多数古镇区本地居民对未来生活的展望。

参考文献

　　[1]李鑫，张晓萍. 试论旅游地空间商品化与古镇居民生活空间置换的关系及影响 [J]. 旅游研究，2012, 4 (4): 25-30.

　　[2] 时少华. 乡村旅游社区参与中的权力结构、运作策略及其影响研究——以京郊BS村景区并购事件为例 [J]. 北京第二外国语学院学报，2012 (11): 73-83.

　　[3] 保继刚，孙九霞. 社区参与旅游发展的中西差异 [J]. 地理学报，2006, 61 (4): 401-413.

　　[4] 汪永青，陆林. 旅游地居民的再创空间 [J]. 资源开发与市场，2008 (11): 1038-1041.

　　[5] 于萍. 社区参与古镇旅游发展研究 [J]. 安徽农业科学，2001, 39 (31): 19270-19271, 19274.

　　[6] 吕勤，黄敏. 国内古镇旅游研究综述 [J]. 北京第二外国语学院学报，2012 (1): 6-14.

　　[7] 丁志刚. 外来化和老龄化：社会群体视角下苏南小城镇和谐发展研究——以苏州木渎镇为例 [A]. 见：和谐城市规划——2007中国城市规划年会论文集 [C]. 哈尔滨：黑龙江科学技术出版社，2007: 2299-2309.

　　[8] 许洪杰. 旅游开发背景下古镇居民"边缘化"现象研究——以广西贺州黄姚古镇为例 [D]. 桂林：广西师范大学，2011.

[9] 姜辽. 旅游发展背景下周庄古镇社会空间变迁研究 [D]. 合肥：安徽师范大学，2014.

[10] 许达. 转型期木渎镇区空间结构演化研究 [D]. 苏州：苏州科技学院，2011.

[11] 李盈. 西塘旅游发展中的矛盾冲突与缓和——以社区内相关群体为研究对象 [D]. 上海：复旦大学，2010.

[12] 黄洁. 旅游目的地居民与相关利益主体间的冲突和解决 [D]. 上海：复旦大学，2004.

[13] 张鹂. 城市里的陌生人：中国流动人口的空间、权力与社会网络的重构 [M]. 袁长庚. 南京：江苏人民出版社，2014.

[14] 彭兆荣. 旅游人类学 [M]. 北京：民族出版社，2004.

[15] Amanda Stronza. 2001. "Anthropology of Tourism: Forging New Ground for Ecotourism and Other Alternatives", *Annual Review of Anthropology*, Vol. 30 (2001), pp. 261–283

[16] Dennison Nash. 1996. *Anthropology of Tourism*. Oxford: Pergamon Press.

[17] Jennifer Robertson. 1991. *Native and Newcomer: Making and Remaking a Japanese City*. California: University of California Press.

[18] Micheal Herzfeld. 1991. *A Place in History: Social and Monumental Time in a Cretan Town*. Princeton : Princeton University Press.

[19] Stephan Feuchtwang (ed.). 2004. *Making Place: State Projects, Globalisation and LocalResponses in China*, London: UCL Press.

[20] Setha M. Low, Denise Lawrence-Zuniga. 2004. *The Anthropology of Space and Place*: *Locating Culture*, Oxford:Blackwell Publishing.

[21]Selina Ching Chan. 2011. "Cultural Governance and Place-Making in China", *The China Quarterly*, 206.

传统、地方与消费：
中华老字号"谢馥春"的断裂与再造

● 李铱涵①

一、复春之路

（一）"双东历史街区"改造工程

谢馥春的复兴过程并不是一个品牌自身的孤立发展，而是被纳入到整个城市的旅游规划中的。具体来说，谢馥春的重建与馥园所处的"双东"的改造工程密不可分。

双东全称是"扬州双东历史街区"，古老的扬州城有一条横穿东西交通要道的大街——东关街，和东关街平行的叫东圈门，两条老街并称扬州双东古街。双东这个街区作为文化名片出现在本地人的话语中，仅是近几年的事。曾经的双东区域是一个市中心的"贫民窟"，这里的居民都是低收入人群。改造后的双东焕然一新，"青砖小瓦马头墙，回廊挂落花格窗"，修旧如旧地建起沿街商铺，整合了各个老字号企业，引入工艺美术商店、古玩商店、淮扬美食小吃等，力图还原明清时期的双东繁华古貌，打造国家 4A 级景区。

在访谈扬州旅游局的工作人员时，他们介绍了市政府曾经出台《扬州古

---

①　李铱涵：复旦人类学2011级硕士研究生。

城保护管理办法》，强调了诸如"还原"、"复古"、"原汁原味"这样的概念，还表示未来扬州的古城保护工作重点放在古城风貌的更新、古城人居环境的改善、古城历史文化价值的提升上。吊诡的是，在东关街这条号称地方特色的街道上，却能轻易见到一些外来品，比如连锁品牌咖啡馆、英式下午茶、韩式铁板烧等。毫不夸张地说，双东这样的街道，似乎现在每个古城都有那么一条。更有意思的是，国内一些城市里经过如此"仕绅化"（gentrification）洗礼之后的历史风貌保护区里，常常会设有那么一个谢馥春的店铺。

（二）体制变迁

令人惋惜的是，从改革开放到全球化的热烈进程中，国人记忆中的那些老品牌逐渐消失了。谢馥春可谓是其中一个奇迹，它在经历了大风大浪之后起死回生。那么，该品牌是如何在内外因的共同作用下走上复兴之路的？

首先，需要考察的一个重要维度是企业的体制变迁。谢馥春在百年的发展历程中处在不断的体制变革中，与时代相适应的的制度才是企业生存和发展的力量之源，它的几度兴衰也给我们提供了反思企业制度与社会背景互动的绝佳案例。

从清末到建国前，谢馥春是一个典型的家族手工作坊。正是在这种手工作坊的制度下，在谢家人对产品研发、技艺传承的不懈努力下，谢馥春一举夺下世博会奖牌，蜚声中外，也成了上海滩明星名流的首选化妆品。新中国成立后，谢馥春的所属权和经营权在半个多世纪中不断变化，从"公私合营"到"地方国营"。中国在 20 世纪 90 年代经历了由计划经济到市场经济的变革，尤其是步入 21 世纪，全球化程度日益加深，大批国营店因为缺乏效率的体制和管理方式被时代所抛弃，谢馥春也正是其中的一员。后来，扬州市政府逐渐认识到该品牌对于地方文化和旅游资源的重要意义，于 2003 年对谢馥春进行了重新注册，使其成为国有独资公司。谢馥春如今属于扬州化工局下属的化工资产经营公司，由化工局派驻抽调人员担任董事长。由此，扬州市政府成了谢馥春的大东家——这也意味着，谢馥春和谢家的关系彻底了结了①。

这样一个老企业，与家族"企业"时代告别，在市场经济中走向了现代管理模式，重新组建管理人员，设立了诸如品牌研究部、市场部、网络宣传部等新部门，甚至这些部门里的新员工有许多并非扬州本地人。那么，"复活"的谢馥春，还是那个谢馥春吗？下文将以具体事件/场景为分析对象，解读其背后的制衡力量和行动逻辑。

（三）具体措施

2006 年，谢馥春成为国家商务部首批"中华老字号"，2007 年被评为"全国 300 家重点保护品牌"。在企业制度变革的大背景下，谢馥春的复兴之路落实在一系列的具体措施和策略之中。

1. 选秀：扬州美女评选（2007）

重整企业的第一步，便是根据上海某策划公司的建议，进行文化嫁接工作，评选"扬州美女"，并且以此重新设计包装。最终选定历史上真实存在过的十二位扬州美女，分别是刘细君、赵飞燕、赵合德、吴绛仙、刘采春、周宪、周嘉敏、毛惜惜、朱帘秀、冯小青、田秀英、杨小宝。经过扬州美女的评选，谢馥春的包装焕然一新，一改以往的陈旧之感。美女头像作为谢馥春

---

① 实际上，政府和谢家之间发生了不少纠纷，比如对谢家老宅拆除翻新就引起了后人的不满。

这一古典美妆的标志，商标、产品包装、店内装潢都被打上此烙印，颇具古典韵味。新包装的怀旧复古风不仅得到了那些对他乡猎奇的游客的青睐，连本地从未和谢馥春发生过关联的年轻人都开始成为谢馥春的消费者。

2. 千秋粉黛馆（2008）

结合扬州的"双东"改造工程，打造了千秋粉黛馆。该馆设立在谢家老宅——馥园中，具体是位于园中一栋两层小楼内，主要功能是展示。通过大量史料、图片和绘画形象，以及扬州女性的传统梳妆台、化妆品等实物，来展示历史上的扬州美女及其化妆技艺。上文所提到的评选出来的十二位扬州美女——"扬州十二粉黛"的塑胶雕像也被安放在粉黛馆内，该馆号称中国首家美妆美女博物馆。此外，从2012年开始，还推出了"千秋粉黛演绎扬州风情"的夜间地方戏剧演出，包括扬州弹词、扬州评话、扬州清曲等具有地方特色的节目，票价不菲，散客100元一位，售票处的阿姨告知："一般都是旅游团队订票，散客较少。节假日、旅游旺季比较热闹，平时人就少了。"

至于馥园，作为一个集园林、工厂、办公室、博物馆于一体的场所，它使得谢馥春这个品牌的发展也被整合在了扬州旅游发展的整体布局之中：

美妆博物馆、千秋粉黛这些是归个园管的，但个园和我们（指谢馥春公司）没有关系，我们跟个园是互利互惠……[①]

也就是说，个园与谢馥春的关系是共赢的。谢馥春所处的馥园位于东关街步行街，在场地上属于个园管理，但是谢馥春的企业管理是自主的。这两

[①] Z某，男，56岁，谢馥春管理人员。

者都被整合在扬州的旅游整体发展之中，起着互相促进的作用。如此使谢馥春作为地方文化符号为地方旅游发展贡献力量的同时，也保证了它作为盈利性企业在市场竞争中的活力。

3. 传习所（2012）

谢馥春传习所于2012年建立，门上挂一个红色大牌匾，上书"谢馥春"三个大字。牌匾左边挂着一块铜牌"江苏省非物质文化遗产——谢馥春'香、粉、油'制作技艺"，右边是国家商务部颁发的"中华老字号"的牌匾，更上面的砖瓦屋檐下则挂着一个黑色牌匾，写着"中华首妆"四个大字。这醒目的四大牌匾既是荣誉的展示，也是权威部门对其合法性的认证。

这样一个文化展示场所究竟有什么样的意义呢？谢馥春的工作人员直言不讳地解释了传习所的建立目的：

> 传习所的建立主要是为了申请非遗，起到一个展示的作用，申报（非遗）的时候有传统展示的要求。非遗有两个要求，一个是传承性，另一个是保护性。这两点也是我们这几年工作的重点。①

4. 申请"非物质文化遗产"

如谢馥春的工作人员所言，传习所的建立完全是为申遗服务的。2011年，谢馥春被评为江苏省"非物质文化遗产"，当下正在为申请国家非物质文化遗产而努力。谢馥春聘请了专门从事品牌文化研究的人员，经过两年多的工作时间，通过收集资料，走访谢家传人和老厂工，理顺了谢馥春的发展历史文化。

---

① Z某，男，56岁，谢馥春管理人员。

　　传承人是申请非物质文化遗产的一个重要事项，该品牌的非遗传承人是一位所谓的"老技术工人"。就此，我访谈了一位老谢馥春人 L 阿姨。2003年，谢馥春厂里对外宣称歇业整顿，实际上只剩下了一块牌子，对内按照破产的方式把全厂三百多名职工解散了，L 阿姨[①]就在其中，她说起如今确定的传承人则颇有不屑之意。

　　要说传承人，按理是谢家现在的姑娘，但是她没接触生产，不懂，蛮可惜的。之前《扬州晚报》上不是有么，最后一个谢家的老人死了，汪氏小苑那个汪小姐，是谢家的媳妇。老人都死光了，等于都没了。所以等于现在这个跟原来的谢馥春一点关系都没有了。现在这个传承人，是那个副厂长，跟这个一点都不相干！他进去时相当于厂里的制造工。以前我们厂效益不是顶好的时候，他就跑去义乌去，帮人家厂里生产雪花膏，他自己制造的知道怎么配方，赚了不少钱。等厂里倒掉之后，建了新厂，他又回到扬州，厂里就把他返聘过来，把他弄成了生产厂长，就把他做成传承人了……厂里都没有我们老的了。那个是新的，跟我们没关系了。

　　L 阿姨在访谈过程中反复提到，现在新的谢馥春跟历史上的那个老谢馥春没有一点关系，谢家人一个都不在了，其实就只剩下了这块牌子，卖给了公家。

5. 企业拓展与转型

　　现在的谢馥春事实上颇具野心，试图打破原有的纯手工的生产模式，建立起现代企业的发展模式。在保持原有的古典美妆产品的基础上，谢馥春采

[①]　L某，女，52岁，谢馥春的老员工，于2003年被买断。

用生物科技，与扬大医学院合作，开发了迎合现代人护肤需求的馥春肽系列护肤产品。2014 年 3 月，谢馥春化妆品生产基地项目在杭集工业园区开工，这标志着该品牌走上了产业化、科技化的转型之路。

此外，谢馥春为拓宽渠道，扩大市场，开启全国加盟店，在江苏、北京、四川等多个省市已开设了 40 多家直营加盟连锁店，同时也开设网店：官方销售平台（三家）——官网、京东和天猫，网络授权店铺 31 家，均附有详细名录、网址和编号①，保证了一定的监管力度。

二、"两个"谢馥春

（一）昔日香厂

在访谈对象中，X 阿姨是一个让我印象深刻的老员工，她曾经在谢馥春老厂的香精房工作，掌握大量配方技术，这职业用当下时髦的话来说，就是调香师。当我问到她是怎么看待谢馥春起死回生的。她苦笑了一下说道：

> 起死回生还要感谢名城公司，开发了老字号，我们是被买断的、公司倒闭的牺牲品。

接着 X 阿姨开始给我讲起了她在谢馥春厂二十多年的工作情况：

> 以前很惨的，全是纯手工。等我们进来之后，年轻人带进去了技术，开

---

① 网店目录详见http://www.xiefuchun.com/news_detail/newsId=24.html

始搞了机电房，半自动。实际上就是个手工作坊。外面的人不晓得，就以为有什么深文大义很了不起。

只要制造一个新产品，有得慢慢调呢。而且你还不能戴手套，纯用手抓……长期这样接触的，所以我说还没有得坏病不错了呢。我们厂里许多死掉的工人，基本都是得的癌症。

后来再开厂时，派了个轻工局的，他搞承包了……想让我回去干，因为我懂配料嘛，但是他找我我没回去。那时不去主要一个是怕对身体有伤害，第二个家里要人照顾。

我不禁纳闷了："不是说谢馥春是纯天然的吗？也怕伤害身体？"

纯天然？蒙你们外行的。纯天然成本多高啊，谢馥春价格这么实惠。只能说跟其他那些化工的比起来，谢馥春相对好很多而已。

X阿姨的口述史还原了当年的谢馥春厂的生产场景，也揭开了谢馥春这个百年古妆所营造出的神秘感。要知道，"纯天然"、"手工"这样的词语在当下年轻消费群体中多么受用！然而当我在馥园看到简陋的生产车间里，一个戴口罩的女工蹲坐在一个装满鸭蛋粉原料的白色塑料桶前费力搅拌的画面，又只能感叹现实总不如广告里描述的那样美。

（二）谢馥春与地方消费

1. 外地人

东关街作为扬州著名的历史文化街区，游客络绎不绝。此处云集了谢馥春馥园、谢馥春香粉店、谢馥春传习所三个展示窗口，售货员穿着旗袍耐心给游客介绍各种产品的功效。路过的游客也总是会停步挑选，带一两盒回去作为旅游纪念品。

本以为谢馥春在游客眼中仅仅是一个纪念品罢了，直到有一天我遇到了一对从厦门来扬州旅游，特地来此谢馥春买护肤品的老夫妇。丈夫于五六年前来过扬州购买了一些谢馥春的商品，带回家后受到了亲朋好友的一致好评，这次带着妻子来扬州旅游也再次来到谢馥春。

厦门也有谢馥春，但是感觉没有扬州的好用，不正宗嘛。我五六年前来扬州买了十几个香包回家，现在家里还有！挂在家里衣橱里还是香，比樟脑丸还好用，都没虫子了。

这对老夫妻最终买了桂花头油、香包等好几百元的产品回去，送给朋友。

诚然，对于许多游客来说，谢馥春只是扬州文化的一个符号，品牌对于他们的意义更多是旅游纪念品，而非实际的化妆品，但是也不能否认仍然存在那些因为信服产品功效慕名而来的游客。

2.本地人

（1）礼品

小高[①]是一位在南京上大学的扬州姑娘，她所学专业属艺术类，周围都是一些青春靓丽热爱打扮的姑娘。她离开家乡去上学后做起了代购谢馥春的生意，由于没有谢馥春官方授权，她通过人人网、微信、微博等社交网络进行销售。然而半年之后，当我再次联系小高了解她的销售情况时，小高表示大

---

① 小高，女，25岁，扬州人。

家最初图个新鲜，后来连她自己也不好意思再用了，不然会被别人笑太土的。

小高所反映的情况在扬州的年轻女性中也颇具代表性，她们对谢馥春之前的历史一无所知，直到谢馥春近几年重出江湖，她们才被那些精致包装吸引和文案吸引，似懂非懂地明白了它是一个扬州本地的老牌子，但也就仅此而已。

（2）国庆路上的老店

谢馥春最老的店铺坐落在与东关街相隔不远的国庆路上，这里也是扬州的老城区和曾经的扬州市中心。与东关街谢馥春的鲜亮精致不同，国庆路的老店显得有些灰暗陈旧。

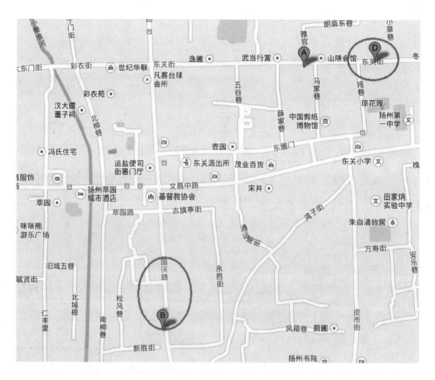

图1：电子地图上分别位于东关街和国庆路的谢馥春

　　这张地图表明了两个谢馥春店铺的不同区位特征，两者虽然相隔不远，却处于截然不同的环境中。与区位特征一致的是，不同地理位置店铺的消费者也迥异。与东关街店身着旗袍的年轻售货员不同，国庆路的老店里的售货员都是中年妇女，她们身着白大褂，像药剂师一般，因为该店还保存着传统的销售模式：零拷，就是将商品以两为单位散装放到塑料袋里售卖，零拷价格非常便宜，一袋雪花膏仅两三元。居住周边的一些老年人会拿着塑料瓶子过来打梳头油、洗发水、雪花膏等。柜台里也摆放着当年巴拿马万国博览会的奖牌。

图 2：国庆路老店的零拷

　　除了店铺装修和零拷方式的古旧之外，老店也还保存着手工记账的方式。当我疑问现在这种零拷方式会不会有点过时了？售货员指着密密麻麻的账本给我们看，表示许多人会来此购买大量零拷产品。

　　扬州老城区还保留着一批老店的忠实消费者，谢馥春已经伴随了她们几十年，作为一种传统和习惯一直保留了下去。W 某今年七十多岁了，她至今还保留着用谢馥春的梳头油梳头的习惯，对她而言，如果不用梳头油就没法出门——这在现在扬州的年轻人中是无法想象的。此外，谢馥春的这些零拷

图 3：老店柜台内陈列的巴拿马万国博览会奖牌

服务还受到了扬州周边县区人的喜爱，他们经常会来扬州大量采购回去使用。同时我在访谈中也发现，与之相反，扬州本地人中，一些收入中上、社会阶层和地位较高的中老年妇女也不再使用谢馥春了。

　　总而言之，直到 21 世纪之前，谢馥春在本地是一个普通的化妆品品牌，扬州的老年顾客仍然会去"陈旧"的店铺中零拷雪花膏等日常护肤品。到了 2005 年，谢馥春整顿后以全新的面貌进入市场，主打产品以"中华古妆"的精致包装化身旅游纪念品，并被市政府整合到地方旅游的发展中。虽然这让该品牌的消费主体变得更为多元，但并不意味着完全从本地市民手中转移到游客中。老谢馥春的忠实用户们依旧存在着，只不过谢馥春通过新店和老店两套完全不同的产品链和经营模式，使得消费群体的构成更加多元。如果说面向本地和周边县市居民的老店所售卖的老产品是为了满足老客户的需求，顺应他们的生活习惯，同时，馈赠谢馥春的商品也成了他们向他者表述自我，彰显地方特色的工具；那么，新谢馥春展现的包装精美的文化商品则是在源源不断地制造着他们的消费者。从这个意义上来看，我们究竟是自我选择的消费的主体还是被建构的客体呢？至少在我看来，不同的群体是通过选择不同的物品，来建构属于他们自己的意义世界的。

短书评

《清算：华尔街的日常生活》

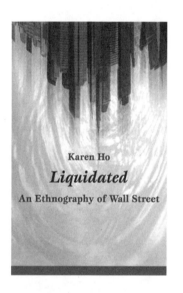

Ho, Karen. 2009. *Liquidated: An Ethnography of Wall Street*. Duke University Press.

　　当人类学者将华尔街投资银行这一全球资本主义的心脏地带当作田野凝视的"他者"，以研究萨满的猎奇心来关注投资银行家，会得到什么有趣的发现和洞见？这部以《清算》为题的华尔街民族志力图提供一种基于日常实践的人类学视角，使我们重新认识和理解市场、制度和行动者三者间错综复杂的关系。作者何柔宛（Karen Ho）曾经在 20 世纪 90 年代美国经济的畸形繁荣期就职于纽约华尔街某投资银行。在 1998 年到 1999 年间，她进行了耗时17 个月的田野研究，与来自高盛、J.P. 摩根、摩根斯坦利、美林、大通曼哈顿和银行家信托集团的投行专家进行过上百次深度访谈，以参与式观察者的身份参加了产业研讨会、正式和非正式的商业社交活动和论坛讨论。这段难得的经历成了她以"内幕人"（insider）和人类学者的双重身份进行金融民族志写作的基础。

这部脱胎于博士论文的金融民族志，探讨投资银行家通过日常文化实践来积极制造市场、书写股市逻辑和华尔街规范的过程，同时描绘出一个处于高度不稳定状态的市场体系是如何依靠投资银行家的社会化、企业和经济的重新构建来得以合理化和再生的。在田野研究过程中，何柔宛提出下列问题：为什么在企业利润不断创出新高、股票飙升的大好形势下，人们看到的却是公司规模的快速缩减（downsizing）、人员裁撤和社会保障网络的逐渐瓦解。尤其让作者感到诧异的是：公司在不断解雇和瘦身时，其股票价格仍然上涨，投资银行的股票价值也不降反升。透过这一似乎违背"常识"并且令常人困惑的经济现象，何柔宛注意到了华尔街企业文化的一个转型节点。在她看来，华尔街的逐利本性和欲望早已有之，然而企业自身远景的谋划（或者说自身利益最大化的策略）与其大多数雇员前途之间已经失去了应有的关联性。这一变化带来的后果是，普通雇员很少能从企业的成功得到好处，利益是归于股东的。

在20世纪70年代到80年代，美国的上市公司通常被视为能够提供产品和服务的稳定机构，同时对股东和雇员负责，通过产品开发来获得长期的成功。而如今公司的主要使命是在短时间内让股东增值，雇员的利益已被置之脑后。何柔宛认为"一种做生意的新的文化准则"（a new cultural code of doing business）正在对华尔街上下产生影响，其特点是对于利润无休止的残忍追求以及政府对于金融服务产业监管的取消，赢利的终极目标是为赚钱而赚钱，而不是提供产品和服务。这种新型的投资银行组织文化的特征在繁荣和萧条以及招聘和裁员的周期中得以充分体现。投资银行家可能是全世界身价最高的雇员，但并没有工作保障，对于突然失业的担忧无处不在。而高薪恰恰是对工作缺乏安全感的一种补偿。他们的报酬通常来自年终奖金，与他们通过为企业兼并和其他金融"交易"工作取得的绩效直接挂钩。这些交易的价值通过股票的即时飙升而得以体现，它是否会对公司的长远发展有潜在的不良后果，则不在考虑范围之内。

正如好莱坞影片《大空头》（*Big Short*）和纪录片《监守自盗》（*The Inside Job*）所揭露的那样，商业银行和投资公司会将不良资产（如高风险抵押贷款）重新捆绑之后转售，这直接导致了 2008 年华尔街的股市崩盘。作者认为：华尔街通过一系列的兼并收购和破产清算直接导致了金融王国的瓦解和坍塌。大鱼吃小鱼、公司缩减规模以及通过裁撤来使公司股票增值等成为屡见不鲜的做法。因而，2008 年的股灾厄运，是后工业化时代华尔街文化、价值和工作场所模式所能预见的必然后果，并非有些专业人士坚称的"异常"现象。

何柔宛的理论导向源于金融社会研究学派（social studies of finance）。这一学派的基本观点是：市场从来就不是凭空产生的，而是通过借助处在社会关系复杂网络中互相关联的行动者得以不断生成和重新建构的。受到这一学派理论观点的启发，何柔宛坚信对于市场的研究离不开社会关系、价值观和文化的维度。她认为：投资银行家的思维模式最终建构了金融市场。此书的参考文献覆盖了包括经济学、地理学、社会学、人类学和商业研究在内的多个领域。对于人类学者来说，如何变通传统的田野研究方法来洞悉投资银行的社会活力和企业实践，始终是一项艰巨挑战。如本书的副标题所示，这部华尔街民族志必定要成为后工业化时代人类学者审视和反思新自由主义意识形态下金融制度实践的标志性作品。

复旦人类学　潘天舒　推介

《谷仓效应：专家知识的危险和破除壁垒的希望》

Tett, Gillian. 2015. *The Silo Effect: The Peril of Expertise and the Promise of Breaking Down Barriers.* Simon &Schuste.

　　"这个时代的两难困境在于，世界一方面密切整合，一方面分散零碎。全球日益牵一发而动全身，我们的行为与思想却陷于小小的谷仓之中。"（Tett, 2015:8）

　　什么是"谷仓效应"（The Silo Effect）？初读此书的读者可能都会对书名感到疑惑不解。谷仓用于储存粮食，只能垂直填充，相互之间却无法横向沟通。相互独立的一个个"谷仓"，其实是作者对于各个组织、团队、企业和政府部门之间各自为政、缺乏沟通状态的形象比喻。"谷仓效应"指因为机构过度分工，各部门困于一个个"谷仓"之中所带来的整体性的负面影响。《谷仓效应：专家知识的危险和破除壁垒的希望》一书用八个案例故事，生动简洁地呈现出知名企业或政府机构中"谷仓效应"所带来的危险，以及通过协同打破"谷仓效应"可以产生的收益。

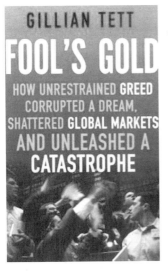

本书作者吉莲·邰蒂（Gillian Tett）是美国《金融时报》的执行主编和专栏作家，她此前曾对 2008 年的金融危机进行深入的追踪观察，并将研究结果汇集成《疯狂的金钱》（*Fool's Gold*）一书于 2010 年出版。她的研究显示，美国房地产泡沫固然是引发金融海啸的重要原因，但是现代金融体系内部的过度分工、彼此割裂的组织模式早已为这场全球性的经济震荡埋下了祸根。在这之后，她用人类学和心理学知识审视政府部门和知识界的工作，发现"谷仓效应"其实不仅仅存在于金融系统内部，同样也充斥在现代生活的各个方面；不仅存在于组织层级等实体，也同样潜藏在每个人的思维层面之中。

作者写作本书时深受人类学思维方式的影响。《谷仓效应》一书第一章题为"局外人：从人类学照见谷仓"，简要介绍文化人类学的学科历史，并以法国知名社会学家、人类学家布迪厄在进行研究并写作《单身者舞会》的例子来说明人类学视角能为现代生活提供的借鉴。作者深刻地揭示出，"谷仓"本质上是一种文化现象，人类习惯于把事物加以分类，把世界分为一个个团体，也即"谷仓",每个文化环境中的思维方式会反映出特定的分类规则与方式。

第二章到第八章为书的主体部分,每个章节都是一个独立阐述"谷仓"利弊的真实案例。前半部分的三个案例分别展现"谷仓效应"对个体和组织所带来的负面效果。

索尼集团从"创新摇篮"到被其他公司追赶超越的故事,便是一个受"谷仓效应"拖累的典型案例。索尼集团在20世纪60年代、70年代和80年代都凭借不断推陈出新的各类产品牢牢占据市场领先位置,旗下产品"随身听"(Walkman)风靡一时,影响了成千上万消费者的生活方式。1999年,索尼在拉斯维加斯举行新品发布会,所有人都认为索尼集团拥有所有在21世纪继续引领市场的有利条件,并未注意到公司日后遭遇的危机已初露端倪。在之后短短几年内,索尼原本牢固占据的市场份额被苹果公司依靠iPod等产品所抢占,创新力量大大衰减,业绩也由盛转衰。在对索尼公司的发展历史进行梳理之后,作者指出,1999年的发布会其实已经显示出索尼集团当时正在遭遇"谷仓效应"。集团的扩张导致公司内部各部门之间过度分工,并带来严重的负面后果。互不沟通的两个部门不仅无法协作开发单一产品,甚至无法互相交流、统一策略,最终的后果就是研发出的产品互相竞争,造成无谓的内耗。此外,各部门负责人只顾"保护"自己部门的利益,无法站在整个公司的角度统筹考虑问题;员工则深陷过去成功的历史,对提出批评、要求革新的声音视而不见,所有因素都导致了索尼集团最终积重难返,只能承认失败、退出音乐电子产品市场。第二章、第三章中的瑞银集团和英格兰银行的案例与索尼相类似,各部门人员陷入谷仓中会导致机构高层对于潜藏的危机浑然不觉。

书的后半部分则用五个故事谈个人和组织如何通过破除"谷仓"而获益。

以第七章为例，克利夫兰临床医学中心检视自己的组织分工，用创新的方法对抗谷仓：鼓励院内医生质疑分工方法，以全新合作模式翻转传统医疗分工。在院长托比·科斯格罗夫（Toby Cosgrove）的多项改革下，中心不再仅专注于冷冰冰的专业技术层面，而是撕去"医生"与"护士"标签，所有人员都是"照护者"；改变原有组织架构，从病患角度定义疾病分类系统；废除内外科，建立跨科部门……曾经如"汽车工厂"一般流水线分工作业的医学中心通过内部组织调整，打破了医学分类边界，颠覆传统的医疗分工制度，在降低医疗成本的同时缩短了转诊时间。2013年《美国新闻与世界报道》的一则患者满意度调查报告指出，克利夫兰临床医学中心的患者满意度在全美首屈一指，这是削减谷仓效应所带来的积极效应。在这一章节的最后，作者追问："为何这一模式尚未被业界成功复制？"精神医疗中心负责人麦克·莫迪奇（Mike Modic）对此做出了回应："重点在于无法通过购买我们的分工系统来破除谷仓，而是必须靠自己从头打造，利用打造新系统的过程与对话才能促成真正的概念。"

　　发觉"谷仓"的存在并设法成功破除的例子，书中还有很多，比如芝加哥的电脑狂人跳脱专业的谷仓，在芝加哥警局内部展开一场惊人实验，从而大幅改写职业生涯；脸书依靠绝佳的内部社群实验对抗谷仓桎梏；蓝山对冲基金则跟瑞银集团等大型银行不同，采取宏观眼光、破除谷仓效应后比竞争对手占上风。又如苹果等公司非常重视公司内部的相互交流，通过开放的办公设计和场地布置，公司高层有意地采取现代商业管理模式来鼓励各部门员工之间的了解和协作。

　　正如作者在前言中所指出的，剖析"谷仓效应"的弊端并不意味着主张消除谷仓的存在。谷仓的存在是全球化时代下专业分工日益精细的结果，也是一个难解的悖论。打破"谷仓效应"的关键在于跳脱惯有的思维模式，用"局外人"的眼光重新审视早已习以为常、见怪不怪的日常生活和分类方式。"我们不仅对明显的事物视而不见，还对自己的盲目视而不见"。《谷仓效应》这本书和人类学的思维方式能给予我们最大的启示，也许就是提醒我们勇于质疑各个社会文化中的"理所当然"。

复旦人类学　陈若云　王佳蕊　推荐

数码时代的日常生活世界：读《文化 @ 硅谷》

English-Lueck, J.A. 2002. *Cultures@SiliconValley.*
Stanford University Press.

　　人类学者该如何应对"大数据时代"带来的机遇和挑战？这是 2014 年度复旦文化人类学研究生考试中的一道论述题。试题公布之后，有行内人士对本人出题的用意颇多不解。事实上，本人不过是在顺应当代国际人类学视角和民族志田野研究方法的前瞻性趋势而已。那种认定人类学者只能研究蛮荒部落或者田园村舍的观点，早已被证明是一种不合时宜的学科定位误区。其实从一开始，"跨界"和"跨学科"就是人类学专业化进程的组成部分。

从 1991 年起，本书作者英格利希 - 鲁埃克（English-Lueck）就与同事一起开展了一个经过精心规划和设计的硅谷文化研究项目（Silicon Valley Cultures Project）。这一项目采用大小研究课题相结合，倡导师生之间、学界与公司机构等不同部门结帮成对的跨界研讨模式，以硅谷地区这一充满活力的实验室和高科技社区为田野焦点，研究信息技术的使用、组织创新以及广泛的文化多样性。在项目的起始阶段（1991-1998 年），研究人员的兴趣主要集中在四大议题：对硅谷不同的"利益攸关者"来说，生活和工作的意义何在？全球性的流动和文化多样性对日常生活产生了哪些影响？硅谷的公司组织是如何影响个人、家庭和社区的？当技术渗入日常生活后会发生些什么事情？

作为硅谷文化项目的首个标志性成果，《文化 @ 硅谷》是一部以科技文化和生活实践为主题的民族志作品，具有显而易见的植根性和前瞻性。人类学家英格利希 - 鲁埃克在硅谷这个当代信息革命发源地进行了长达十年的田野研究。一般来说，与硅谷研究相关的书籍通常聚焦其企业声名。而本书所凝视的对象是生活在硅谷和与之关联的各色人等的日常生活，以及充斥着数码装置的种种生活方式。硅谷地区高度专业化的经济吸引并聚集了大量"做技术的人"（techies），这些人用技术来创造文化现实，同时将他们的文化认同转变为工具。技术弥漫于日常生活中，甚至成为社区的某种隐喻。来自世界各地的人们赋予了硅谷经济前所未有的繁杂性。硅谷已不仅仅是技术研发的领头羊，从柬埔寨的文化企业家到美国中西部的加工处理工程师，都在共同创造一个极其复杂多元的社会。在硅谷这一特殊的文化实验场，源自学校、工作地点和家庭的各种认同（identities）互相作用、互为消解并转型，最终促成了一个由无数微小社区组成的庞大的非常规社区。技术的饱和性以及身份认同的复杂性交织在一起，制造出许多不同的选择。这些选择决定了技术的使用手段、工作的展开策略、社区的营造模式以及家庭生活的方式。人们在高技术工作场所特有的工具理性思维的影响下，衡量并考虑这些不同的选择。21 世纪硅谷的生活方式充斥着信息技术，同时又竭力在极为繁杂多元的社区展现公民生活的应有风貌。因而，这部民族志场景似乎预示着硅谷即将面临的社会和文化困境。

复旦人类学　潘天舒推介

人类学视角中的跨国主义实践：
读《可口可乐—全球化》

Foster, Robert J. 2008. *Coca-globalization: Following Soft Drinks from New York to New Guinea.* PALGRAVE MACMILLAN.

　　在当代社会，若要描绘商品全球化的壮丽图景，以广而深的跨文化跨地域流通而著称的可口可乐堪当此任。在《可口可乐—全球化》一书中，美国人类学家福斯特（Robert Foster）的研究着眼于可口可乐在全球范围内的流通，将无形的商品全球化进程展现在读者面前。以可口可乐为代表的跨国流通的汽水饮料，为福斯特研究包含在"全球化"名义下的一系列行为提供了特有的视角。这些行为——包括"品牌的跨文化消费，跨国企业的商业运作，以及与这些运作相适应或抗争的消费者的公民身份的新形式"——有助于从文化、经济和政治维度认识商品全球化进程。

从文献脉络上看，本书可算作对物的社会生命（the social life of things）的研究，但是福斯特为可口可乐所作的"商品传记"运用了更为翔实的民族志材料，其在理论层面的探讨也更为深入。以可口可乐为媒，福斯特试图追踪围绕流通着的商品而产生的形式多样却又不可见的关系网络。为了追踪关系网络，福斯特运用了三个相互关联的理论视角：其一是社会学家吉登斯（Anthony Giddens）关于"时空延伸"（time-space distanciation）的论述。在定义"全球化"时，吉登斯提出了"时空延伸"作为全球化的重要属性。而现代商品的"时空延伸"要求人们信任来自未知地域的商品。其二，卡隆（Michel Callon）的研究发现，由于跨地域流通的商品卷入了位于不同地域却处在同一条商品产业链上的人群的社会生活中，因此这些商品的合法性在流通的过程中会反复确立。其三，丹尼尔·米勒认为，人们从事消费工作是因为他们可以通过消费商品来反映他们的身份认同。

福斯特的研究跨越了时间和空间，他所呈现的场景既有制定营销策略的商业竞技场，也聚焦于巴布亚新几内亚高地的人们消费和享用可口可乐的时刻。通过呈现这些场景，读者能够了解到，为了使商品有选择性地嵌入或脱嵌于不同的意义世界，跨国企业是如何应对"普遍性"和"特殊性"的问题。福斯特希望可以达到双重目的：一是使得处在全球化中的人和空间的联系变得可见，二是可以使人们认识到自身在全球化产业链中所处的位置，并且认识到自身与那些处在同一个跨地域商品关系网络中的人群的联系。

复旦人类学　邹骏飞推介

数码民族志写作的一种模式：
读《手机：一项有关通讯和交流的人类学研究》

Horst, Heather A. and Daniel Miller. 2006. *The Cell Phone: An Anthropology of Communication.* Oxford; New York: Berg.

"不许动，把手机掏出来！"这电视剧里会出现的惊险一幕，也被收入希瑟·A. 霍斯特（Heather A. Horst）和丹尼尔·米勒合著的数码民族志《手机》（*The Cell Phone：An Anthropology of Communication*）一书中。作者以其一贯的学术敏感性和娴熟的叙事手法，使读者从标题和开篇即被该书所吸引。在数码人类学、赛博人类学悄然兴起的今天，我们尤其有必要重温这部十年前的旧作。

手机在发展中国家扮演着什么样的角色？牙买加低收入人群如何将手机融入他们的生活？贫富之间的数码差距（digital divide）是否存在？为了探寻心中的这些疑问，作者于 2004 年深入牙买加橙谷（Orange Valley）和马仕菲尔德（Marshfield）两个低收入社区，进行了为期一年的民族志研究，结合参与式探访、个案研究和问卷调查，评估低收入牙买加人的通讯生态（communication ecologies），展现了牙买加人以手机为科技中心的通讯景观（landscape of communication）。

本书共由九章组成。在导言中，作者对该书必要的理论基础进行了介绍，如扩展式实现（expansive realization）。这一概念在丹尼尔·米勒和 D. 斯勒特（D. Slater）2004 年初所出版的《网络：一个民族志方法》（*The Internet: An Ethnographic Approach*）中就有所提及。它特指先前由于技术局限无法实现，现通过网络技术得以实现的事情或状态。在 21 世纪初的牙买加，手机不仅仅是接打电话的工具，更是潮流的标志。这也就不难解释本书开篇，四个年轻人跳入巴士抢夺乘客手机的景况。作者在第二、三章将手机置入牙买加历史、社会和经济的大脉络中，试图从宏观鸟瞰，并为后文铺垫。第四章作者从人们拥有手机后的鸡毛蒜皮琐事入手，审视低收入牙买加人的个人主义。由前手机时代的家庭成员间分付固话账单开始，牙买加人手机使用上的个体性和自主性便逐渐显现。个体拥有手机后，手机进一步成为"自我"的延伸。人们用五花八门的方式，极尽所能从手机的视觉系统到声觉系统展现"自我"。如女孩子们会依据每日穿着搭配不同的屏保、外壳，还会根据联系人的性格特征设置铃音，以作区别。这种表演式的个人主义（performative individualism）在"看与被看"（see and be seen）之间逐渐形成。

　　第五、六、七章为本书核心部分，通讯人类学意蕴浓厚。手机如何嵌入牙买加人的现代生活，人们又如何利用手机扩大关系网络等问题，在这几章得到了充分阐释。在牙买加，贫穷和不贫穷之间，最重要的区别就是是否有社会网络的支持，也就是朋友或家人的资助。作者选取马仕菲尔德城市社区和橙谷乡村社区共 100 户人家进行了调研，分别有 34% 和 38% 的居民依赖他人资助，且两个社区的主要经济收入均来自社会网络，而非正式或非正式的买卖或雇佣关系。手机作为可以记录 400 个联系人的工具，在勾织、维持并扩展个体的社会网络中发挥了重要功能。作者将这种联络电话称为连结电话（link-up call）。牙买加人通常的通话时间仅为 90 秒，可见电话之简短和直接。有时连结电话仅为简单的寒暄，并无实质性内容。而通过致电方式，显示在对方的最近来电中，不失为提高自己"能见度"、"存在感"的好办法。有时，人们为了学费、房费、孩子的抚养费、医药费通过电话向他人讨要（Begging），这也往往会得到朋友或家人的积极响应。当地人的给予介于人类学家讨论的交换和互惠两者之间。因为当地人不求回报，除去些许互惠因素，他们始终更珍视给予、创造和激活关系网络。一二再、再而三的拒绝，将导致社会网络的死亡，而静若死水的社会网络是他们最不愿意看到的。他们眼中的名（name）和美拉尼西亚库拉圈中的名望（fame）实为同物，终至财产的再分布。作者随后在第七章对手机和压力的叙述，颇为精到。牙买加人将压力分为身体压力和客观压力两个方面。身体压力源于体内过多血液的聚集，从而导致严重头疼等症状（Sobo 1993:37-38），而客观压力则由工作或生活等客观因素造成。当地人认为社会、精神或性等各方面的失衡都可导致压力的产生。而男人和女人在疏解压力方面，存在性别维度的差异。男人更倾向外出（cooling out），逃离家中狭小封闭的空间。在朗姆酒吧里，有一帮

（crew）男人聚集在此。这一帮和他们的关系网络被视为草根信息传播和流动的根本。当他们厌倦了这些，手机就成为打发无聊时光的最佳伴侣。哪怕是手机上的游戏，或发几条短信，或只是无目的地刷屏。这和我们在和别人吃饭时，若突然无话可说，总会拿出手机拨弄几下掩饰尴尬气氛有几分相似。索伯（Sobo）认为女人的解压方式，通常为性、月经和礼拜。在礼拜中，仪式舞蹈、舌语等将女信徒身体内的污物排出体外，使神圣的气息充斥其身体。而作者认为手机和礼拜有异曲同工之妙，当男人逃离家屋空间，女人则在闭塞空间内忍受孤独，这时手机成为她们的唯一联系外界的渠道。通过手机，她们把压力倾诉给朋友家人，将不良情绪排出体外，身体得到了净化。家人的言语支持，又给她们的身体重新注入了新的正能量。

综观全书，脉络相对清晰，但局部章节跳跃较大。以第八章"福利"为例，笔者认为若编排在第三章"方位"之后，或许更为妥当。第八章"福利"虽也有论及个案，但其侧重点依然是从政策层面讨论教育、医疗、社会安全与手机的关联。而第四、五、六、七章讨论的则是个体的手机使用。故依笔者浅见，在第七章后，又穿插一章国家与政策层面的论述，稍显突兀。除此之外，本书第七章"压力"与第八章"福利"的部分关于犯罪的论析有所重叠，使读者有章节边界不清之感。不过，瑕不掩瑜，作为首部研究第三世界人民手机文化和意义的民族志作品，它打破了传统人类学的学科藩篱，在田野场域进行了革新。即使在通讯科技发生天翻地覆变化的今天，其选题、研究进路和视角依然具有里程碑式意义。

复旦人类学　特日乐推介

销售职业化的一个历史瞬间：
读《推销员的诞生：美国的销售转型》

Friedman Walter A. *Birth of a Salesman: the Transformation of Selling in America*. Harvard University Press.

　　记得在 1998 年哈佛春季学期的最后几周，本人还在苦等田野研究资助申请的最后消息。为了打发时间，本人参加哈佛商学院（HBS）和文理研究生院（GSAS）举办的非传统职业发展（non-traditional career development）工作坊。工作坊在哈佛商学院的阶梯教室进行，主要受众是有意在象牙塔外寻找职业方向的博士生。主讲教师是一位印度裔的商学院名师，极其擅长调动课堂气氛，然而用来讨论的各个商业经典案例却成为了在座文理研究生院学科背景迥异的同学们争执的焦点，对于解决某一管理或者营销实践中遭遇的问题始终无法形成共识。尽管每个案例都是真实存在的，也都有明确的解决途径，但授课教师面对思维活跃度大大超出常规 MBA 学生的文理研究生们，镇定自如的表情中也夹杂着些许无奈和不解。

平心而论，在工作坊讨论的这些商业案例，就内容的故事性而言，足以让任何人类学民族志工作者怦然心动，不管是棒球队内部的人际关系问题，还是某办公用品制造商面对电子商务（E-Commerce）挑战的策略调整。然而整个的案例分析和讨论过程，始终受到 MBA 教学的既有范式所限，"社会学的想象力"和民族志的解释力，基本没有用武之地。

这一"蹭课"经历强化了本人对哈佛商业院高度教条化训练模式的固有成见，直到有一天在哈佛商学院贝克图书馆书架上见到了导师华琛的《金拱向东》（*Golden Arches East*）这本被视作商业民族志，以及并列放置的这部题为《推销员的诞生》（*Birth of a Salesman*）的商业史力作。尽管两书的作者属于不同的学科，但都擅长讲普通人听得懂的故事，同时也没有忘记同行关注的理论焦点（如全球主义、地方转型和销售员的职业化历程）。当然，我无从知晓商学院的学生是否会真正注意到这两本拓宽和加深他们视野的趣书。

此书可以称得上是哈佛商学院商业史教授弗里德曼（Friedman）撰写的一部寓教于乐的游戏之作，与无巧不成（畅销）书的《金拱向东》可谓异曲同工。在本书的开头，费里德曼绘声绘色地重构了这样一个颇具戏剧性的场面：在 1916 年 7 月 10 日于底特律召开的第一届世界销售大会上，应邀发表主旨讲话的威尔森总统呼吁在座的销售人员以放眼全球的胸怀和想象力，来推广象征美国富饶、平等和公平的各类商品，让世界变得更加舒馨和欢愉，美国式的原则也从此深入人心。除了来自制造商的销售主管之外，同台发言的嘉宾还包括学者、顾问、心理学家和广告经理等。来自政商学界的各色人等，似乎都不想错过这个美国销售人员职业化和规范化转型的历史时机，纷纷以理论家、研究者、组织建构者、企业家、改革者、鼓动家、管理者、科学家（包括伪科学家）的面目登台亮相。

弗里德曼以轻松的笔调勾勒出美国销售员从云游四方的闲杂人等到经过专业培训的职业人员的历史蜕变过程。从 19 世纪中叶到第二次世界大战前夕，营销管理的发展使美国经济形态渐渐摆脱了小商小贩的推销吆喝模式，走向了一条由专业推销人员和专管主导与推动的"正轨"。本书各章讲述的是一个个在今天看来仍然引人入胜的故事：从兜售格兰特总统的回忆录到"销售之父"帕特森制造出世界上第一台收银机的金字塔计划，以及福特和雪佛兰汽车公司为经销商精心设计的完全销售指南。这些故事明晰地描画出买卖行为从一种销售术转向一门科学的过程。

"销售"作为一种说法和概念问世于上世纪初，恰逢大规模生产的"新科学"产生之时。经理将销售人员组装成一支整齐划一的专业力量，展现出作为社会支柱的勤勉风貌，与先前跑单帮的小商小贩不可同日而语。正如一位国家收银机公司（NCR）的代表所说，现代销售员的一大使命就是要把"理性之光引向黑暗之地"。销售研究本身成为一个产业，并衍生出市场营销、消费者行为和工业心理学等专业学科。在卡内基梅隆大学的销售研究局，斯哥特（后担任西北大学校长）对成功销售的特点和消费者的购物动机进行了开拓性的研究。

本书图文并茂，作者巧妙地以营销转型为切入点，呈现了一个个足以吸引商学院内外读者眼球的历史故事，是对 MBA 案例分析的极好补充，也对商业史和经济人类学领域的学人具有启发意义。

复旦人类学　潘天舒推介

讲座资讯

"价值观与亚文化：日常生活中的当代青年"跨界研讨工作坊记录

2017 年 1 月 8 日，"价值观与亚文化：日常生活中的当代青年"跨界研讨工作坊在位于田子坊的复旦商业人类学研究教学基地举行，主持人为社会学者邢婷婷博士。睿丛文化创始人郭莉博士致欢迎词，并大致介绍了本次活

动的内容和参会人员。郭莉博士提出了本次会议最为关心的问题：当我们在谈论青年时，我们到底在谈论什么？她认为，在当今迅速变动的社会中，了解青年不仅是市场的需求，还是了解和体悟文化实践的重要入口。为此，这场带有跨学科和跨界特性的研讨会特别强调让80后青年学者和研究生唱主角，在最大程度上体现出青年文化主体本身的声音。用人类学大师马林诺斯基的话来说，就是以青年人的目光和青年人的语言来知晓他们如何对待自身所处的世界、如何理解生活的意义。

　　会议开始后，复旦人类学研究所的潘天舒老师首先做了简明扼要的主题发言——"何谓'青年'？'青年'为何？"潘老师认为，尽管青年可以理解为与青春期相关联的一个生理和心理状态，具有一定的普世性，但青年又是一个难以"科学"定义的年龄段，一些国际机构如联合国所制定的15—24岁和世行的12—24岁的所谓标准范围，对于我们理解不同文化语境中"青年"的意义帮助并不大。此外，随着全球化的推进和语境的逐渐多元化，青年作为个体社会化和濡化（enculturation）重要阶段所具有的内涵也在不断发生变化。比如说中美两国的普通民众都会用不同的年龄段称谓和世代标签来描述青年这个特殊的人生状态。潘老师提出：我们是否可以借用人类学仪式研究的视角来理解青年，如果将人的整个生命周期看作一个包括分离、临界和整合三个阶段在内的过渡仪式的过程，那么青年可能就正处在其中最不确定的一个阶段（所谓的临界状态，liminal status），面临着不确定性、风险和危机。潘老师指出：在很长一段时间内，"青年"并非传统民族志关注和凝视的对象（美国人类学家米德半个多世纪之前的杰作《萨摩亚人的成年》是唯一的例外）。国际学界的青年问题研究，大多围绕青年与教育体制的关系以及青年与"发展"比较研究而展开，着眼点也离不开下列议题：教育机构、商业力量等各种各样的体制是如何把"青年"塑造成了一个"范畴"和一种体验模式（如年轻的成年人）的？青年在劳动产业中的参与度和教育程度？青年的国内和跨国流动等等。遗憾的是，这些富含学术营养的研究中的"青年"通常是被动的类型化的研究对象，青年主体的声音不可避免地被简略的文字所概括或者遮蔽。

潘老师认为近年来方兴未艾的青年文化研究（Youth Cultural Studies）有效综合了人类学、社会学和相关学科的视角，"青年"形象从而有可能变得更为复杂和丰满。青年不仅仅是社会学家曾经着迷的"越轨者"（deviant）、反抗者和被压迫者，也是活力的创造者。最后，潘老师还从自己的田野经验出发，谈及他在过去十年参与并主导的因特尔、微软与麦当劳的青年研究项目。他认为目前与青年相关的有意思的议题层出不穷，比如中医的日常化实践和上海的文化怀旧产业等，推动这些的正是以 80 后青年人为主的一股不容忽视的力量。

上午会议第一场的主题是"青年、消费与经济"。首先，睿丛文化研究总监何煦博士以"当代青年及其消费文化初探"为题分享了自己的研究。她提出，在以往的观念中，"青年"被从各种各样的角度出发来定义。比如，在国家视野中，青年作为国家人力资源储备和管理的对象，其范围被限定在十几到三十几岁的人群；在社会文化视野中，青年是从儿童向独立成熟个体发展的生理和心理过程。但其实，青年不仅是个人脱离原生家庭，开始独立面对世界，独立承担责任义务的过程，也是对一种蓬勃的生存状态的普遍文化期待。同时，青年也是品牌迫切想要了解和抓住的消费主体，因为他们的消费力和消费欲望在旺盛成长中，对品牌、生活方式的学习也在成长中——这给品牌的切入和形象树立提供了很大的空间，是重要的市场资源、固定的消费目标群体和沟通目标群体。他们通过消费表达自己价值，表达自己对社会的理解和看法。接着，她提到，互联网在青年一代的生活中发挥着重要作用，它早已渗透进这一群体的日常生活，打破了年龄、身份和地理界限等，从根本上改变了知识、信息的生产与传播方式，使得青年成为知识、信息和体验的生产传播主导者。最后，何煦博士提到了关于青年独立自我的迷思问题，在他们身上存在着与原生家庭的文化疏离和经济亲密并存的矛盾。

第二位发言人、从事媒体相关工作的胡卉做了以"资本发酵下的粉丝经济——互联网时代青少年'偶像崇拜'为核心的经济模式"为题的报告。她首先介绍了互联网时代下的媒介环境，她提出当前互联网的发展趋势是移动化、社交化和视觉化，它占据了人们的生活，而青年的日常生活方式为各种媒体所操纵。互联网时代下的粉丝经济模式像一个金字塔，处在塔尖的正是以偶像为核心的明星经济，中心是围绕媒体内容的 IP 经济，而资本和社交媒介则构成了金字塔的基础。就这种以偶像为核心的明星经济来说，传播媒介、心理距离和粉丝组织性的变化共同导致了粉丝可以大范围介入偶像的生活，进而改变偶像的生活，一个典型例子即前段时间李易峰的粉丝联名要求罢免其经纪人，因为他们认为这个经纪人对其偶像不够负责。接着她又以 TFboys 为例，分析了偶像的粉丝养成模式：从最开始的互动养成阶段、大众媒介传播阶段、线上线下联动阶段到参与明星的制造、掌握诸多偶像事务的控制权，最终重构了游戏的规则。接着，她提到在围绕媒介内容的 IP 经济下，由于原来网上积累的大批粉丝可以转化成收视率，大 IP 的版权越卖越高，而拍摄方考虑到收益，便会请一些流量担当，即拥有大批粉丝的明星来拍这些作品。进而，她认为资本是影视行业的双刃剑，由于前述原因，一线大剧的成本越来越高，而这样的天价成本和片酬最终由粉丝来买单。最后，综合以上的分析，她得出了这样的结论：资本、技术和粉丝经济互相作用改变文化格局。

在两场报告结束后，郭莉博士对此做了评议。她提到，近些年来，消费的本质在不断变化，而二位的发言也印证了这一点。改革开放初期，功能性消费比较明显。之后，符号消费兴起，人们借助品牌来表达自己，彰显自己的社会身份。接着，体验消费开始发展起来，体验式的消费环境在各种环境出现。现在，价值消费越来越突出，粉丝经济便是一个典型的价值取向的消费。在互联网的作用下，很多的界限和壁垒被打破了，年龄、地域等许多原本的分类界限被打破了，很多价值、感情共同体被建立起来。而后，现场的听众和其他参会人也对此发表了自己的看法。大家讨论了诸如人们追星时究竟在追什么、消费的本质、偶像与粉丝之间权力关系的构建、网红经济和直播平台的兴起会对粉丝经济造成何种影响等问题。

下午第二场发言主题为"青年与社会参与"。首先，来自上海浦东绿意环保促进中心的张洁漪老师进行题为"NGO 组织如何吸引青年参与——从环保公益的角度分析"的发言。基于数年来在以推广垃圾分类、倡导环境保护为主要目标的 NGO 组织的行动经历，张老师总结并分享了她认为的坚持参与公益和志愿服务的青年群体所具有的特质。她认为当代青年是 NGO 组织志愿者的新鲜血液和主力军，具有挖掘自我、改变他人、奉献爱心、实现价值等诉求。如何吸引更多的青年参与社会公益，是她在实践中持续探索并希望和在场嘉宾和听众一起讨论的问题。第二位发言人是来自上海艺术研究所的吴筱燕，演讲题目为"当代中国女权运动中的青年与艺术实践"。她先简要介绍了当代中国女权运动的历史，再从女权主义的代际传递、各类 NGO 的兴起和同性恋运动等维度具体谈及当代中国女权运动与青年一代的关系。以《阴道独白》的本土化实践等为例，围绕当代青年女权艺术行动中的各方争议，吴筱燕具体阐释了作为社会批判和文化批判交织的场域的艺术所具有的政治力量。第二场的评议人、复旦大学社会学系的俞志元老师分别对两位讲者的发言进行了点评。俞老师认为，社会公益和社会运动处于从现代化到后现代化的社会文化转型背景下，在物质条件相对富足的情况下，追寻意义和兴趣成为当代社会突出的特征。俞老师介绍了她所了解的一个在美国推广和动员社会运动的例子，建议公益组织的研究者可以再进一步挖掘如何实现公益机构解决社会问题的最终目标；同时提议可以进一步探究和讨论，女权运动仅仅是为了改变社会认知，还是希望通过影响法律和政策争取切实的利益。

第三场发言主题为"青年与文化"。复旦大学人类学硕士生石潘瑾欣的发言题目是"千金之快——'氪金'手游与青年人的社交"。他具体介绍了起源于日韩游戏界的"氪金"游戏和青年玩家群体，并阐述了自己的研究思路。他在玩家圈子内部进行田野调查，重点关注玩家行为及其在社交网络上的表现，通过田野研究来探究这种"非理性"消费背后的动因。接着，上海财经大学的邢婷婷老师进行了题为"当代青年的信仰特征与价值观建构"的发言。她从最近星座、灵修在资本市场、媒体上引发的热议现象谈起，认为理解当代青年人的信仰建构问题需要从两个维度入手，一是对多元信仰的态度，二是对制度性宗教的态度。通过和美国"新时代运动"相比较，邢老师认为当代青年信仰归属呈现多元化的总体特征。复旦大学社会学系的李煜老师对此进行评议，他认为进行"氪金"手游和青年社交的研究需要厘清虚拟网络和现实社会的社交究竟呈现出什么样的图景；探究当代青年的信仰建构则可以进一步把宗教信仰在中国和美国呈现出差异背后的机制阐释清晰。

　　三场发言后，圆桌讨论围绕"青年"、"日常生活"、"价值观"等关键词进行。李明洁、邢海燕、龚丹韵、邓蕾、顾晓清等依次从各自的学术背景和专业角度，结合当天的发言主题，对他们所理解的"青年"研究提出了自己的独到见解。"价值观与亚文化：日常生活中的当代青年"论坛在热烈的思想碰撞中圆满结束。

复旦人类学　裴阳蕾　陈若云记录整理

跨国公司的地方化：中国沃尔玛研究的人类学路径

2012 年 10 月 17 日 18:30 至 20:30，在光华楼东主楼 2801 室，戴维斯（美国哈姆莱大学人类学系副教授、社会文化人类学博士）给我们带来了题为"跨国公司的地方化：中国沃尔玛研究的人类学路径"（Making a Global

Corporation Local: Anthropological Approaches to Walmart in China）的精彩讲座。该讲座由复旦大学特聘教授、高研院副院长纳日碧力戈主持，社会发展与公共政策学院潘天舒博士担任评议人。

戴维斯教授一开始便点出了此次演讲的主要观点。他认为，除了明显的文化和商业挑战外，沃尔玛之所以能够在全球范围内获得成功，原因还在于，它能够将其独特的企业文化和有效的零售理念传达到每个新国家。通过迎合当地消费者的需求，提供他们偏爱的商品，并与当地供货商保持紧密的联系，沃尔玛努力适应当地文化并使其真正融入当地社区。正是由于沃尔玛在世界各地都遵循这一经营方式，它才具有了能够在全世界范围内大力发展的潜力。

因此，研究沃尔玛的企业/组织文化在中国的地方化过程对我们理解全球化视角下的企业组织管理以及城市消费文化具有重要的意义。并且从方法论上说，以人类学的文化视角来研究中国沃尔玛的地方化现象是最有效的。因为，在人类学视角下，文化是一种生成意义的象征系统，并且这一系统又在历史过程中不断进行着调适。经由人类学的分析，我们可以更好地理解沃尔玛的企业文化信息。

随后，戴维斯先从沃尔玛整体经营管理模式入手，从多个方面分析了美国与中国沃尔玛的不同。他将沃尔玛的经营模式称为"大箱子商店"（Big Box），这是美国20世纪末产生的一个消费资本主义的文化模式。它的产生与美国当时的社会背景有关。例如，美国社会卷入全球化生产的程度很高；工会力量弱化；美国人以汽车为主要交通工具，并且需要及时生产的商品；美国的生产链条呈现厂—仓—商或厂—仓商的形态等。而当沃尔玛公司进入中国后，为了适应中国的社会文化与组织特点，不得不做出相应调整（如表1）。

表 1：美国与中国沃尔玛的经营模式对比

Walmart in U.S.	Walmart in China
High volume purchasing	Large suppliers are region-specific
Large national brands	Mix of brands/ "local flavors"
Technological innovation	Technological innovation
"warehouse stores"	Frequent small purchases
Standardized distribution networks	Irregular distribution and package size
Non-union labor	National labor union
Distinctive corporate culture	Distinctive corporate culture
Low-price as primary goal	Can't compete on price/compete on service
"rural" areas	Customers in urban areas

在此基础上，戴维斯将内容聚焦于企业文化和企业组织管理层面，结合其在南京、安徽、云南等地的田野调查，举例说明了沃尔玛文化在中国的"地方化"体现。例如，在超市的手推车上张贴广告、提供座位方便顾客在超市内看电视、由员工手工制作宣传品等。通过对中国沃尔玛的规章制度和企业内部张贴的图片、条文进行文本解读，戴维斯找到了中国历史文化特质在其中的具体体现：员工被要求在一起吃饭、一起工作体现了中国集体性的文化；"忠于"、"感激"、"节约"等企业口号用语带有革命话语的色彩；在员工守则中强调诚信、强调改造等。其中，戴维斯特别指出了企业文化与规章制度对员工的"文化规训"作用。为沃尔玛工作不再仅仅是一种工作程式，而是一种生活方式，遵循沃尔玛企业文化的要求即是员工"做人"的表现。可以说，文化、素质以及"成功学"（Studying Success）成为了中国沃尔玛用于

组织管理的关键要素。

在戴维斯一个多小时的演讲中，其丰富的经验资料和生动风趣的话语引起了在场国内外师生的阵阵笑声。之后，复旦大学社会发展与公共政策学院的潘天舒老师做了精彩点评，并由纳日碧力戈老师组织现场提问与讨论环节。同学和老师纷纷发表了自己的意见，受益良多。

复旦大学社会学专业 2011 级硕士研究生　汪舒整理

对话

应用人类学在上海
——潘天舒、郭莉、何煦对谈录 [①]

【摘要】复旦人类学的发展沿着多元文化、跨领域合作与发展的应用型研究之路前行，在商业和医学领域做出了非常多的拓展。商业人类学和医学人类学在上海的发展是这一应用型研究的拓展成果，也是对人类学知识传统的承继、发扬和变通。复旦人类学不仅从课程体系多个方面拓展了学科视野，形成了独特的学科发展道路，而且积极寻求跨学科、跨领域的合作，与实践应用领域的结合非常好地推进了理论和应用两方面的发展。

【关键词】复旦人类学，应用人类学，教研实践

何煦：潘教授您好！郭博士您好！感谢大家愿意抽时间来做这个关于应用人类学在上海发展的对谈。谈论应用人类学在上海的发展，两位是非常有发言权的。潘天舒教授在复旦大学一直在推动应用人类学的理论和实践，在商业、医学等领域都做出了很多贡献。郭莉博士创设了上海睿丛文化发展有

①　潘天舒，复旦大学社政学院人类学所教授，博士生导师。郭莉，女，博士毕业于复旦大学社会学系，上海睿丛文化发展有限公司创始合伙人兼总裁。何煦，女，博士毕业于复旦大学社会学系，上海睿丛文化发展有限公司研究总监、合伙人。

限公司，已经成为将人类学应用于商业的典范。对我个人而言，在复旦进行博士阶段学习期间，我在潘教授的课上接触到了人类学及其商业应用的方向，并在博士毕业以后加入到了上海睿丛文化，作为职场人士开始自己的职业生涯。这期间有很多故事值得聊一聊。咱们先从潘教授的故事说起吧？

潘天舒：非常高兴今天和两位对谈！应用人类学确实是很重要的人类学分支。很多因素最终促使我在复旦开始这一领域的探索，但其源头还是要追溯到在哈佛求学阶段的际遇，遵循人类学一贯的原则，我想用几个故事来展现这一过程。第一个故事发生在我博士学习期间。20 世纪 90 年代在美国留学的中国理工科博士生多数不想成为工程师，都想去华尔街。我的中学同学，当时是麻省理工学院（MIT）的博士生，为了准备去投资银行面试，需要我帮他在哈佛商学院的贝克图书馆找几篇论文。这也是我第一次跨入位于查尔斯河另一头的与文理学院截然不同的世界。我十分惊奇地在图书馆书架的显眼位置发现了导师华琛以研究跨国主义和地方转型为主题的麦当劳民族志《金拱向东》，商学院很显然把这本书归类为人类学 / 商业，这件事给了我很大的启发，我开始意识到人类学对于一流商学院教学也有想象不到的重要作用。

第二个故事发生在 1998 年春季学期，我抽空参加了哈佛文理研究生院和哈佛商学院联合主办的一个工作坊，名字叫作"非传统职业发展工作坊"，就是帮助在日趋紧张的学术院校难以找到工作的哈佛文理研究生院的学生在产业界和商界寻找机会。其中有一大块内容就是去商学院上他们的案例课。当时是在商学院非常有名的一个阶梯教室，由一位印度裔明星教师专职授课，讲得头头是道。每个人都广泛参与大量实际案例（如 Staples 和 Red Sox）的讨论，都是针对这些著名企业所面临的具体问题。虽然讨论的方式和内容都很好，但是每个问题的答案都只有一个（也就是事实上问题解决的方案）。这让我们这些哈佛文理研究生院的学生很不满意。要知道哈佛文理研究生院的学生多数来自纯粹的文科和理科背景，不是商科，看待问题的方式很不一样。其次对于应该如何在日常生活中解决问题的方式，来自不同文化背景的人可能有截然相反的看法。我在那时就意识到，哈佛 MBA 课程在一定程度上难以摆脱盎格鲁撒克逊传统的思维方式和解决办法，而这一思维模式需要根据文化情境来改变和调整。如何改变和调整，恰恰是传统 MBA 课程中所缺乏的。这一经历对我后来的教学生涯有很大影响。我意识到人类学知识的传播受众不能局限于人类学专业的本科生。我在乔治城大学上的人类学导论课开始吸引麦克唐纳商学院国际商业专业的学生，还有些对医学人类学情有独钟的来自护理学院的女生。在霍普金斯大学高级国际研究院兼职讲授的"文化与发展"课程上，我也发现大量来自世行和国际组织的在职人士对应用人类学产生的浓厚兴趣。这些经历对我而言是教学相长，从应用和理论两个维度都拓展了我的学科视野。

第三个故事发生在 2001 年秋我担任刚到哈佛任职不久的贝斯特教授文化人类学导论课助教的期间。在课上我遇到了一个很聪明的学生，是经济学专业，辅修人类学，她和我进行了大量关于经济人类学在 21 世纪存在价值的讨论，在最后的课程论文中，她提出了经济人类学应该转型为商业人类学，不能局限于传统的范式和民族志案例阐释，应该将时代性的知识经济等因素加入进来。

何煦：所以在那个时候你对全球化时代商业人类学应该怎么做的想法就已经产生了？

潘天舒：是的。与这位哈佛高材生的互动促使我开始思考商业人类学要如何拓展。现在看来，这三个故事都给了我不同的启发。2005 年我做出海归决定的时候，我的导师华琛非常支持，但他希望了解我回国后打算做什么。我向他展示了以下学科发展的三个主要方向，即：商业人类学，医学人类学，发展人类学。他当时就对商业人类学特别感兴趣。但他希望我在回国之前再回哈佛进修一年，这就开始了第四个故事。2005 年秋我在哈佛燕京学社访问期间，华琛介绍了我认识英特尔"人与产品"（Peoples and Products）部门的研发人员。当时英特尔希望了解在中国农村这样的一个新兴市场中，信息交流技术（ICT）的普及情况。我在波士顿与他们沟通了 2—3 个小时，讲了我对中国农村的了解，以及博士论文的内容。2006 年我在回国的两周内，就在上海与英特尔的研究员苏珊·托马斯（Susanne Thomas）见面了。她曾经是加州大学人类学教授赵文词老师的学生。后来就开始了与英特尔第一次商业人类学的跨界合作。

何煦：在这第四个故事中，您开始真正与商业领域的人接触，将人类学与他们的应用需求结合。这种结合在当时是很具有探索性的。

潘天舒：确实如此。在和跨国企业做项目的过程中，首先从方法上来说，就在传统人类学基础上有所创新。在英特尔项目中，我们和英特尔的合作人员反复见面约谈，都是在商量研究方法的细节。当时我的搭档是复旦社会学系的张乐天教授。他对中国农村生活理解很深刻。我和张乐天老师各自的知识结构在这个项目中有很好的补充，所以后来我们把主要的田野地点定在了一个民工流出地城市和一个民工流入地城市。不仅如此，我们还设计了一整套方法操作指南，来对所有参与项目的人进行培训，这样也确保了项目中的每个人都能够按照人类学的基本原则去收集信息。另外一个更重要的贡献是，我们讨论出了"影随"的具体方法。每个项目有不同的"影随"的方式。比如苏珊之前的工作经历是在手机厂商从事研究，她影随的重点在于记录人们拨出和接电话的瞬间，那个瞬间究竟发生了怎样的动作、表情、事件等。她很关注被观察者从做一件事情到做另一件事情的那个切换过程。而我在上海东南某社区做田野时，就曾经做过街道书记的临时助手，工作内容就是跟着他，从他上班到下班，跟一天，访孤老啊，去居委会啊，还帮他做一点整理工作，也有助于他的工作，但更重要的是，那是我田野的一部分。这两种田野操作方法和技巧结合起来，就形成了我们在英特尔项目中对农户的"影随"的工作方法。研究人员对农户采用影随的方法，从家里到田间地头，到乡村社区，到镇上买东西，都跟着。在这个过程中，苏珊认为，在完成一件事情，到下一件事情时，需要特别关注：比如从田里回来，遇到熟人，聊了多久。或者路上又去买农资啊什么的。同时我也意识到需要让一个男学生和一个女学生，分别跟着家里的男主人和女主人，这样能够保证我们的视角是完整和统一的。这也是受到我的硕导华如璧（Rubie Watson）和博导华琛当年在香港新界研究的影响（夫妻二人当时在男女界限分明的村庄分工进行田野研究）。在这个基础上，研究员在影随之后，再进行深度访谈，这个时候他已经对乡村生活细节有了很多了解，再继续写访谈问题，这样就非常好。所以这个项目对我的启发首先是方法论的，然后也补充了我的研究视野，从城市到农村。那个项目的下一阶段，他们希望我们继续找一个海宁那样的农村，我们就找了吴江，那时候就是和英特尔的两个工业设计师一起去的，他们没有受过人类学专业训练，但也问很多人类学式的问题，我就看到了商业人类学广阔的应用前景。我认为在人类学应用的过程中，不能和方法脱离，要强调方法的变通，人类学方法的独特性在于要"适应研究场景"，这是和统计以及实验室方法差别最大的地方。科学实验需要在不同时间不同地点都可重复的步骤，但文化人类学恰恰不可能这样做，你想想看，所有要素都被控制，都受制于标准化的程序，参与式观察尤从做起。这就是复旦商业人类学的经验之谈，也可以说是商业人类学的引入和发展的故事，是在传统体系基础上的新生。接下来的故事就开始有你们两位的参与了。

郭莉：我非常同意潘教授的说法。就我个人的经历而言，我在硕士阶段接受的是社会学教育，后来在德国牛津国际研究院工作。当时我们参与到了很多联合国或者其他商业机构的大型项目中，但都是以问卷以及传统的定性研究方法焦点座谈会（FGD）的方式进行。2008年我已经回复旦开始人类学博士的修读，但还有很多以前的客户会向我寻求帮助，在思考他们问题的过程中，我意识到人类学方法有比其他社会研究方法更有力量之处，也更能解决很多针对性的问题。其重要性就在于对"情境及情境的生成条件"的呈现。它提醒研究者在研究和分析资料时，时刻不忘重视所有的研究发现生成的具体情境，这些情境包括不同社会、历史条件下形成的文化形态，各亚文化群体的价值观念，各利益群体特定利益关系决定的立场和视角等等。这样的视角在当下风云变幻的商业格局中显得尤为重要，理解"人"和人的生活，才是解决商业问题的关键。所以当时就开始建立与一些品牌客户的合作，比如麦当劳、西铁城，自那以后我开始意识到商业人类学不仅有用，而且非常必要。由此才诞生了上海睿丛文化这家公司。

潘天舒：郭莉的探索对商业人类学在复旦的发展非常重要，所以在2014年我们与睿丛文化建立了复旦大学商业人类学教研基地。现在睿丛也成为复旦人类学教研活动中很重要的一部分了。这种跨界合作的尝试在国内人类学界还是比较少见的。

郭莉：睿丛文化目前已经将人类学成功应用到了企业策略制定、产品设计研发和品牌宣传推广等领域中。作为商业人类学教研基地，睿丛文化与复旦人类学是一个双向互动和促进的过程。我们在过去的几年中一直在积累观察与研究消费社会的资料库，希望商业实践也能够很好地反哺人类学学科的发展。另外一个感受是，睿丛文化正在把人类学应用推向非常前沿的方向，我们身处千变万化的市场中，能够迅速捕捉那些刚刚萌生的社会变化趋势，人们的生活方式会受到怎样的影响？价值观念将发生怎样的变化？我们的工作是不断为这些问题寻找答案。在这个过程中，人类学是我们的工具和理论出发点，但也会发觉现有的理论和发现未必能够给我们想要的答案，这时候我们就开始理论和方法的探索。这时候的探索已经不再限于传统人类学的框架内了，我们一直在尝试人类学与更前沿的理论和方法在实际应用中的结合，包括数据挖掘和分析。今年我们开创了"无界"微信公众号平台，在这个平台上开始进行应用人类学的科普和宣传，并计划将睿丛积累的研究成果与方法教程在这个平台上进行更多的实践和推广。

何煦：而且研究基地成为了一个很好的平台，能够对接不同的研究需求和资源。人类学的应用研究不仅限于营利性企业，政府和医院都是我们的客户。今年在应用人类学基地的平台上，我们也正在建立与哈佛大学设计学院等机构的合作。我突然发现借助田子坊应用人类学基地的研究，能够将人类学的影响力扩大到行业和社会。可以说郭博士开创了人类学在商业的应用实践，也为更多的人类学博士和学者提供了一个很好的平台。但这个平台的产生和发展确实需要在人类学与商业实践之间有效地搭起桥梁。您对此的体会是什么呢？

郭莉：搭起这样的桥梁确实非常不易。我在博士求学期间接触到了人类学的独特方法，民族志，觉得非常有价值，我认为这是解决当下商业问题行之有效的方法。在学界，大家将其译作"民族志"，所以一开始在商业领域，大家对此并不接受，认为这是研究少数民族的方法。我们在多次为客户解决问题的过程中，也开始思考这个概念。后来我意识到"生活志"是更贴切的译法。生活志着眼于大众的日常生活。通过"在场"（On-site）式的各种调研方法，全息地收集研究对象的信息，比传统消费者研究方法更为真实、准确；在信息和数据的分析解读上突破对种种消费现象的解释，挖掘出更为深层的原因，直达消费者的动机与情感层面。不仅如此，生活志引入社会的、文化的视角，将消费者洞察带到"个体—社会—文化"三层结构分析中，进一步解释消费者的动机和需求是如何生成的，又是如何随着外部环境的改变而变动的，真正做到"知其然，并知其所以然"。通过这样一套方法论体系，我们能够将人类学的理论、视角和方法很好地应用到商业实践中，也真正在学术与商业之间搭起了这个桥梁。

潘天舒：我觉得这个译法非常好。

郭莉：在博士论文期间，我受到了张乐天教授、阎云翔教授以及潘教授的指导，对民族志有了更深的体会，一直觉得贴近生活是人类学的本质。哪怕是日常生活中的小细节，挖掘到一定的深度后，一样可以反映出大道理。生活志是一个"现在进行时"的尝试，不断地与社会实践互动，并给了我们一双以小见大的眼睛。

何煦：我对这一点的体会是从参与微软项目开始的。2008年微软与复旦人类学合作，以复旦学生为研究对象，希望探索那个时候的青年文化特征。我当时作为研究员参与项目，觉得很有趣，自己平常生活的情境变成了研究的对象。

潘天舒：微软项目其实也是对研究方法的拓展和挑战。人类学家的传统基本上是在"异域"做研究，习惯于凝视部落和乡村里的"他者"。比如在英特尔项目中，我们大部分研究员都是城市背景，在农村虽然苦，但有好奇感（或者说是"猎奇"心态），记得当年华琛教授关照我们在做田野时，常常重复的一句话就是："You can't never ask too many questions, and you can't never take too many pictures。"在不熟悉的环境中，你永远会有问题，永远会觉得事情有意思。但在微软的项目里，我们等于是在研究自己（复旦青年文化的一分子），很熟悉，这是一种挑战。人们常常会自以为自己知道了，就不问了。人类学者擅长的是"make the exotic ordinary"，这是一种厉害之处。另一种厉害之处是反过来的，要把日常看作像异域部落／岛民一样（make the ordinary exotic），要带着这种眼光去看。看似平常无奇的生活细节里，蕴藏着文化的意义。

何煦：您说的内容非常有意思。我突然意识到如果按照这种思路，大学或者研究机构，也是植根于地方社会的日常生活的，研究者本人也是将自己放在某种文化情境中去思考的，而不完全像经典人类学家那样，离乡背井去研究异域。

潘天舒：复旦商业人类学的发展和成长必定会有这样的因素。首先我们身处上海这座全球性城市，必定受其氛围的影响，我自己的亲友和老同学在商界成功或失意的，大有人在。这种情境对我而言使我能够意识到上海作为一个商业情境的独特性。这些条件构成了复旦商业人类学赖以萌芽的文化土壤。复旦和上海有非常独特的条件，商业氛围浓厚，国际交流深入，社会多元活跃，这些都给予了人类学在上海发展的有利条件。我们在2006到2008年间与英特尔和微软的合作项目，也给复旦人类学的应用性研究发展之路确立了很高的起点。除了项目之外，课程体系的研发也是很重要的部分。回复旦之初，我开始寻找重构人类学学科的机会，开始是在留学生课程模块里开设与商业人类学、发展人类学相关的课程。受当时我们学院的副院长范丽珠教授之托，我以我们合作方 IES（总部位于芝加哥的国际教育服务机构）的美国学生（其中不少是国际商业专业）为授课对象，开设了 Marketing to the Chinese 这门貌似商学院的课程，后来我们与合作方协商，将课程名改为 The Chinese Marketplace。这门以考察中国市场文化动力的课程成为了复旦人类学很有意思的实验场，后来成为了上海市教委的国际留学生教学示范课程。就这门课程而言，我并不仅仅是在探索教学的新模式，也是在探索人类学向更多元领域发展的模式。我们知道，先前世界银行派往第三世界的项目组里，最早是经济学家和工程师说了算，人类学家进入以后，可以对项目是否合适进行评判，并在最后促成了当地人的参与和融入研究过程。这一套模式与一些跨国公司在进行市场拓展和产品开发时所采用的实地调查有相似之处。这样的思路首先在我们的这门课上有所体现，我们鼓励来自不同专业和国家的国际学生进行跨文化背景的组合调配，搭配着一起去进行中国市场的实地研究，最后的结果是很有意思的，你肯定记得那些非常有趣的发现。我希望他们在课程项目研究的过程中互相交流、互相争论，在观察同一个商业现象时，意识到各自文化背景和行业背景所带来的视角差异。

何煦：对。我自己非常享受这样讨论和探索的过程。而且我自己在这个过程中也经历了您刚才提到的"从习以为常中发现不同"。在睿丛文化工作以后我的体会更深刻，理解人们在日常生活中的行为模式，是产品设计、品牌策略等应用的前提。正如刚才郭博士所言，这些观察和分析问题的方法在商业领域尤其重要。人类学的价值也在于这种文化分析的理论框架和操作方法。这是否会指引复旦人类学在跨学科和跨领域发展的方面有所突破？

潘天舒：商业人类学是一个新兴的枝桠，而医学人类学则在类似上海精卫中心和复旦公卫这样的机构有受众基础，两者的发展会超出现有学术框架和体系的限制，一定是多学科、多视角、多领域结合的。教研基地目前在这方面有所实践，未来还可以有更多尝试。在田子坊，我们已经举办了养老和青年的跨界论坛，邀请学术专家、行业专家，甚至是企业家们共同参与对一个话题的讨论，效果出乎意料地好，讨论非常热烈，每个人都觉得这种交流是必要的。上个月我们和阎云翔教授、罗力波教授（这两位都是我的哈佛师兄）在睿丛文化进行了应用人类学的讨论，阎老师提到，做实业的人必须要对资本负责，对受众负责。我完全认同他的观点，因为这种负责，使得他们对新的方法应用、新的社会现象更敏感，更前沿，这是受学术生产周期和体制所限的学者们较难实现的。就像我们刚才讨论的，这两个领域的交流互补正是跨学科，甚至跨领域的应用研究发展的正确路径。我对这门课程的打造就非常重视不同学科和领域的交叉。我们的教材，既有哈佛商业评论的文体，又有商业民族志的文体，也有社会科学的文章，从而将三种不同的视角进行糅合。这样弥补了常规 MBA 项目所欠缺的知识储备和技能。我并没有刻意去管理学院推销，但是已经有复旦管院的老师和学生来旁听和选修了。按照这样的思路，我和我的同事朱剑峰也在逐渐确立我们自己的研究生培养模式。我们鼓励研究生通过各种方式走入田野，从感性上而不仅仅从书本上体验丰富多彩的社会生活。更重要的是我们与不同实践机构的合作，在医学人类学方面，我们与上海市精神卫生中心和哈佛亚洲中心及公共卫生学院建立了持久合作关系，先后进行了 4—18 岁儿童和青少年精神问题研究（田野调查部分）和有关精神疾病污名化等跨学科合作项目。从 2011 年开始起我和同事朱剑峰老师以圣路易华盛顿大学医学预科生为主要授课对象，开设以医学人文和全球健康为核心内容的国际课程。在具体教学实践中，我们有选择性地运用一些在商业人类学国际课程行之有效的方法，取得了不错的效果。值得一提的是，我们研究所于2014年与你所在的上海睿丛文化，在田子坊一起成立了复旦应用人类学教研基地，通过课堂教学、定期举行的跨界工作坊以及以医学和商业人类学为主要议题的项目合作，大大拓展了复旦人类学的学科范围，并赋予其公共性、植根性和前瞻性的特征。这也是我对复旦人类学未来发展的期待，复旦人类学是成长于多元文化和多元视角中的。它一定是在开放和探索中逐渐丰富和拓展的——这在国内人类学很前沿。今年我们与睿丛文化共同筹备在上海人类学会成立应用人类学专业委员会，算是复旦当代人类学这十年探索的小小成果，也是一个里程碑。应用人类学应有其所属的学术身份。

何煦：您说的身份这一点我有很多体会。在几年前，我们还并没有特别清楚地意识到自己在做的是应用人类学，也有人质疑我们人类学的立场，毕竟我们并不归属于一个学术机构。今年我代表睿丛文化参与了在美国圣菲市的应用人类学年会，有幸见到一些行内翘楚，与之切磋交流，才知道有这么多人类学家在社区改造、政府政策制定、企业创新发展、地方文化保护等非常多的领域从事应用研究。我感觉自己突然打开了新世界的大门，原来有这么多人和我们做着一样的事，而且我们还可以去探索更多不同的领域。更重要的是，他们的工作印证了我在工作中的体会，人类学能够让我们的生活变得更美好。

郭莉：我很喜欢你说的这句话。这也是让睿丛团队去探索更多、更广领域的重要推动力。

潘天舒：复旦有句话叫作"自由而无用"，我觉得这也是复旦当代人类学特色的某种体现，当然我们的学科发展宗旨更应该是"自由，有用，而且有趣"。

何煦：今天从两位身上学习到了很多，感谢潘教授和郭博士参与今天的对谈！

【名家访谈】应用人类学家的商海游泳指南 1

受访人类学家简历：

拉尔·诺兰（Raill Nolan）

普渡大学人类学系教授，英国萨塞克斯大学社会人类学博士（1975）

主要研究领域：国际发展，跨文化适应与交流，应用人类学

四十余年的人类学研究经历，其中在塞内加尔、斯里兰卡等地海外研究近二十年

近期著作：

Internationalizing the Academy (edited, with Gilbert Merkx)，2015

A Handbook of Practicing Anthropology，2013

在他的新书 *Using Anthropology in the World* 中，诺兰教授对人类学的商业应用做了许多有趣而深刻的阐释。我们有幸在美国应用人类学年会（SFAA）期间对他进行了访谈，下文由此次访谈整理而成。

人类学家进入商业领域的历史

在美国，应用人类学家为商业领域工作已经有相当长的历史了，尤其是

在设计领域，起到了非常重要的作用。

以智能手机为例，一个工程师可以设计出电话，但是要弄清楚人们到底需要些什么样的手机，这个问题不是单个工程师能够回答的，需要一整个团队的配合。

设计的关键并不在于如何让这部手机实现"手机"的功能。因为所有的手机都能打电话，但消费者们真正想要拥有的不是一个能打电话的东西，而是一个能够满足生活中那些细微需求的综合工具。这些都是由"用户体验研究"（User Experiences）来实现的。到了2007年，我们终于在手机用户体验上，有了一个新选择：iPhone。

尽管那些应用人类学家已经持续工作很多年了，但是到最近十几年才开始引起广泛的关注：

首先，近年来美国学术界对于博士的培养已经远超学术市场的需求了，可提供的职位数量大大小于每年的博士产量。但学术界并未据此做出调整，我相信中国也会很快面临这个问题。

第二，早期投身应用领域的第一代人类学家，近年来开始在各个行业声名鹊起，人们开始对他们能够产出的东西感兴趣。当人们知道他们在用人类学解决这些问题时，就会进一步问："每一个人类学家都能实现这些吗？"

就这样，他们开始让更多的人类学家参与到自己企业的工作流程中，于是人类学在商业领域的声誉就慢慢积累了起来。（笑）这有点像华人，一个中国人移居美国，会结婚生子、带来他的家人，很快一个家族就诞生了。

同时，我认为商业领域的应用人类学家会越来越多。当代我们所面临的这个世界，正在发生一些非常大的变化。这些变化有好有坏，争议甚大，但大多数争议都指向一点：对于人类多样性（Human Diversity）的理解和认知。

现在的企业，无论是智能产品制造商，还是健康产品供应商，都必须意识到：你不可能在美国设计一套产品，然后直接拉到中国销售。所以，现在的全球企业都必须聚焦一个问题，有人称之为"大规模生产的多样性"（Mass Production Diversity）。

不同类型的人群，在不同的生活场景下，对于产品的需求千差万别。要找出这些差别，唯一的办法——在人类学家看来是理所当然的——就是走近他们，对话他们，倾听他们。

拥抱多样性，是人类学的基调之一。

关于这一点有个故事，尽管未能从当事人那里确认，但我认为有很高的真实性。

在 20 世纪 60 年代，日本车在美国市场很少见，那时候的美国汽车市场充斥着美国本土品牌和欧洲品牌。日本汽车厂商做了这么一件事，他们组织了一群能说英语的日本汽车工程师来到美国——主要是加州——并且让他们每个人找到一个当地美国家庭做"寄宿家庭"，就像有些留学的学生会选择的方式一样，与当地家庭在一起生活。

他们在这些家庭待了大概三到四个月，每天与主人一起吃早餐、看电视、聊天。当他们结束旅程回到日本时，他们已经完全知道美国人喜欢什么样的汽车了。然后他们造了出来，并且成功打入了美国市场。第一代进入美国的日本车造型非常滑稽，对美国消费者完全没有吸引力。但他们很快做出了改变，日本车的造型和设计越来越符合美国人对于"车"的要求。

人类学开始商业应用，是否意味着当前人类学教育需要调整和变化？

在"传统"人类学与"应用"人类学之间依然存在一个很强的分水岭，

很多"传统"人类学家会认为学术与应用两不相干。我非常不认同这种观点，你可以在我最新的这本书里看到我的这一立场。我认为学术与应用的区别完全只在于：你用人类学来做什么事。

一直以来，人类学家的价值都在于"他们知道什么"，像是对异域文化，他们掌握那些（在美国）很少人会的语言，比如我能够说几种非洲语言，在这里几乎没人能懂。

但问题在于，这又如何？你会对世界有什么影响？这是应用人类学家们真正关心的问题。关键不在于你知道多少，而在于能够用你所知道的东西做出什么事情，改变多少现状。

不过我们目前大多数的高校并不培养这样的人类学家，他们不太教博士生们如何用所学的知识来做事情。我所在的大学（普渡大学）目前已经开始采用这一导向去培养博士生，但美国大多数大学并未开始这方面的尝试。

但我去日本的时候看到，他们已经在做这件事了。有一个叫Japanese International Collaboration Agency 的组织专门负责这方面的研究，他们会组织大量人手到不同的文化里去生活、研究。因此，日本人现在非常擅长与不同的文化打交道。现在我的家人里有中国人，也有日本人，所以我可以做一些类似的这种比较性的观察（笑）。

总而言之，日本在这方面的尝试是非常超前的。我有许多日本的同事都在邀请我，希望我在退休后去日本讲授应用人类学。但我不会日语，这是一个比较大的障碍。所以，我认为中国的人类学界也应该在课程设计上做出相应的改变，因为中国市场在这方面的需求非常强。

不过相信你们的教学应该和我们一样：不培养做事的人。我们培养出的博士，可能会出现这种情况：他们走进会议室，坐下来，开始执着于讲述非常具体的田野细节，然后其他与会者都开始云里雾里（笑）。

我已经开始推动一些培训课程来改变这一点，而且我认为中国的人类学界也可以开始这样的尝试。比如，在博士毕业时加入一些为期几周的课程。

这些课程不是为了改变他们已经学到的东西，而是在此基础上加入更多新的东西。因为很显然，一个合格的"应用人类学家"，必须首先是一个合格的"人类学家"，人类学的传统训练对于应用是非常重要而且必要的。

人类学家对于商业做了很多批判，但引用我一位朋友的话来说：如果你真的觉得这事儿不好，那就坐下来，参与进去，改变它。在政府或者非营利组织，这一改变的过程就是"政策制定"；在商业机构，就是"策略"。而实现这些并不是没有难度。

几年前，我们要研究手中掌握决策权的权力阶层。那时候我们就在想，与其架空地构思研究方法，不如先成为一个"有权力的人"。可许多人类学家对于"拥有权力"是不适应的。

但大概在很多年前我就意识到，如果我希望自己所在的大学发生一些我所希望的变化，唯一的路径就是尽可能地掌握更多的决策权和话语权。因此，对于许多人类学家来说，第一步是站在有决策权的那个位置上，而不只是置身事外。

人类学家如何与来自不同领域的人一起工作？

一个人类学家容易有的问题是，常常过于信任"知识本身会说话"这句话。但事实并非如此，人们需要被强有力地说服。

所以你必须在正确的位置上，在正确的时间点，与客户谈论正确的问题。

这就回到我们刚才的问题，你必须在那个位置上，才能知道何时是正确的时间。

应用人类学家需要团队工作，但这却是目前的人类学训练不甚重视的一点。人们的团队工作，尤其是来自不同领域的人的团队工作，需要共创、合作等思维，这也是我下一本书的主题。

在需要人类学家的团队中，人类学家也需要找准自己的位置和工作方式。作为组织中（可能是）唯一的人类学家，该如何适应和工作？通常，人类学家的训练全是关于自我的：我的论文，我的田野，我的答辩。

但在企业中不一样，一个会议室里有工程师，有老板，有财务部的。你提出一个方案，工程部的人会问：你有数据吗？你说，没有数据，但是我读过一篇论文说这个可行……完了，你失去了工程部的信任。

数据不是人类学家的专长。所以我的做法是：等。等到他们出现问题的时候，我跳出来告诉他们：嘿，我知道怎么解决这个问题。

我曾经在非洲与一群工程师一起工作，整个项目的目标是为当地人设计一种西红柿灌溉系统。这种灌溉系统要求人们一天要开关数次阀门。我告诉工程师这不可行，因为这意味着当地人必须在凌晨或者傍晚到田地里去操作，他们是不会这么干的。

工程师说为什么？我说，因为他们害怕巫术。工程师认为这是封建迷信，于是我让他们亲自去现场看，你知道工程师是非常相信经验的，这比经济学家好多了（笑）。

他们就看到，太阳下山前，孩子们都在外面疯跑，整个村子非常热闹；但是随着太阳逐渐下去，黑暗降临，家长们开始迅速地找到自家孩子，领回家门。不一会儿的功夫，整个村子里空无一人，大家全都回到各自的房子，大门紧闭，没有人出门。

对于当地人来说，太阳落山是世俗世界与精灵世界的分界点，太阳下山以后，屋外的世界是属于那些精灵的。所以，我并不能够代替工程师，但是我确实能够让他的工作更好。

在学术界，人类学家是学术权威，是专家；但是在企业中，必须去找到合适的方法传递自己的观点给不同的人，有时要捍卫，有时要争论。

（来自睿丛·洞察）

【名家访谈】应用人类学家的商海游泳指南 2

受访人类学家简历：

伊丽莎白·布洛迪（Elizabeth Briody）

德克萨斯大学奥斯汀分校人类学博士（1985）

曾作为高级研究科学家于通用汽车公司（General Motors）研究部门供职 23 年

Cultural Keys 公司创始人，2009 年至今，以人类学研究方法为企业和非营利组织提供研究服务

目前也为大学提供线上线下的课程授课

近期著作：

The Cultural Dimension of Global Business (Gary P. Ferraro and Elizabeth K. Briody), Taylor & Francis, 8th ed., 2017.

Transforming Culture (Elizabeth K. Briody, Robert T. Trotter, II, and Tracy L. Meerwarth), Palgrave Macmillan, 2010.

Partnering for Organizational Performance (Elizabeth Briody and Robert T. Trotter, II, eds.,) Rowman and Littlefield, 2008.

参与拍摄纪录片 Anthropologists at Work

布洛迪是美国应用人类学界的资深人类学者，作为首批在企业内供职的人类学家，她对于人类学在商业领域的应用有十分丰富的经验以及独到的见解。我们有幸在美国应用人类学年会期间遇到她，并对她进行了专访。下文由此次访谈整理而成。

你是如何进入商业人类学领域的？

用布洛迪自己的话说，进入商业人类学的领域，"完全是源自一场机缘巧合"。

早在 1984 年，博士即将毕业的布洛迪正在找工作，并一心想要成为一名教授。一个偶然的机会，正在参加美国社会学协会（American Sociological Association）会议的朋友告诉她，一位来自美国通用汽车公司（以下简称 GM）的社会学家正在这里招聘，希望可以找到一位人类学家。

GM 位于底特律的总部大楼，叫作"文艺复兴中心"，它绝对是美国汽车产业兴衰的见证者。

之所以 GM 会绕个弯子来到社会学协会招聘，是因为他们之前曾试图去美国人类学协会（American Anthropological Association）招聘，但找不到一位人类学者对在 GM 工作感兴趣。事实上，在那个年代的美国，还很少有人类学家在企业里工作。

布洛迪和她的同学们在毕业时进行的职业设想，都是成为一名大学教授。但在朋友的一再鼓励下，她还是决定去试一试。

让布洛迪下决心进入 GM 工作的，是供职前应邀在底特律的 GM 研究部门花一天时间进行的走访。

那天她惊讶地发现，在 GM 竟有这样一个由近一千七百人组成的专业的研究部门。在这里，每个人都持有硕士以上学历，并来自不同的专业领域。他们中有工程师、社会学家、物理学家、化学家、数学家、心理学家等等，简直是个学科大杂烩。

更令她兴奋的是，这里的每个人都非常有趣，并且做着有趣的项目。每个人都有着强烈的好奇心，他们非常热情地欢迎布洛迪加入，并且很好奇布洛迪的兴趣点会在哪里，以及她将为这个研究部门带来怎样的全新的视角。

在布洛迪看来，吸引她义无反顾进入 GM 的，正是这个公司及其研究部门所呈现出的开放、多视角、学科融合以及其强烈的好奇心。

在这里，每个研究人员不同的学科背景，使他们问出的问题也各不相同。人类学家也一样，会问出基于自己专业背景的独特问题。人们对于来自不同背景的研究者互相充满好奇，并期待对方的加入能够激发不同的思考，帮助 GM 形成不同的视角。

这个研究部门都关注些什么？人类学家又是如何在商业领域中发挥作用的呢？

GM 的研究部门涉及的研究范畴很宽，覆盖了和汽车相关的各个领域，例如营销、工程机械以及制造等等。布洛迪刚刚进入公司时，其所在分部主要的研究课题是汽车与社会之间的关系。例如城市的交通模式——包括路上的汽车数量、出现的时间段，车里的人群类型和组合形式等等。

当时布洛迪所在的研究部门中，有同事专门负责针对顾客需求方面的调研，这部分研究主要应用在市场、销售等领域。

与这些同事不同的是，布洛迪对研究顾客并不感兴趣，她更感兴趣的是在公司内部工作的那些人——她想知道人们都在做些什么，为什么他们会选择用这种方式而不是另一种方式或是流程来工作？在她看来，人类学家的独特视角，正可以通过关注这些，而为公司发现并解决其面临的问题。

布洛迪提出人类学家能够为商业领域带来的研究价值，主要有三个方面：

1. 整体论（wholism）

在人类学家看来，个体并不是一个片面的存在。

比如一位研究者，当他离开自己的工作环境，就拥有了其他的角色——他可能喜欢足球、他可能是某个孩子的父亲、他是个喜欢读书的人、他还可能是某个人的儿子。

因此，在进行研究的时候，人类学家会考虑他们所生活的整个情境 / 涵构（context）。这便是人类学家与其他学科领域所不同的看世界的方法。

2. 当地人 / 局内人视角（native/insider perspective）

在进行研究的时候，人类学家的关注点更集中于理解其他人的想法。

说到这里，布洛迪笑着说，她和她的丈夫时常就一件事开玩笑——作为经济学家的丈夫在开始一个访谈的时候，貌似总是在向被访者暗示答案是什么，对此布洛迪感到很不可思议——既然如此，还要做访谈干嘛呢？（笑）

在布洛迪看来，她需要了解对方到底是怎么做、怎么想的，因为她更关注的是为什么——人们究竟为什么这么做、这么想，为什么会相信那些他们所相信的事。而这，又引发出第三点：

3. 通过比较，找到某种模式（pattern）和规律

人类学家永远在不停地进行比较——她的想法、做法和他的想法、做法有什么不同或相同之处，你的说法和我看到的那些正在发生的又有什么不同之处——在不断的比较之中，寻找相似或不同，再基于这些洞察，找到解释，

找到一种模式，并看到这些形成已久的模式是多么强大地影响着人们的行为和思想。

这里布洛迪提出，需要注意的是，人类学家在进行比较时，关注的并不是"真相"，因为在人类学家看来，并没有所谓的"真相"，有的只是不同的"视角"。

别被所谓的"真相"框定了你的视角！

我认为是真相的东西，在另一个人看来可能并非如此。视角不同，"真相"也就不同。我们要通过了解一个人的"视角"，去理解这个人以及他所生活的社会文化环境。

打个比方，当你举起一支铅笔问他人这是什么的时候，不同的人可能有不一样的回答。A说这是铅笔，B说这是木头，而一个两岁的孩童可能会说不知道。

这个时候，我们要看的是造成他们给出不同答案的原因是什么：

A说这是铅笔，可能是因为他之前见过铅笔，或是常常使用铅笔；

B认为这是木头，可能因为他是个艺术家，更加关注材质、关注东西是由什么制造出来的、由什么构成的；

而一个说不知道这是什么的孩童，可能是因为从没听过这个单词，又或是他从没见过铅笔这样东西，他的母亲之前只给过他其他的一些玩具。

从这个角度出发，布洛迪举例说，当研究企业内部员工的时候，她会发现，一个公司的内部有两组不同的人，A组人相信XX，而B组人相信XXX，他们之间互相无法理解，而这正是这个企业目前面临的问题。

人类学家发现两组人的不同行为模式，并将企业面临的这个问题核心描绘出来，让企业有机会去针对问题进行改善和形成解决方案。

人类学家在商业领域面临的机会和挑战是什么？

虽然在布洛迪投身商业领域的 20 世纪 80 年代，人类学专业毕业生们几乎只有一个想法和选择，就是进入高校做教授，但是在今天，这种情况已经大不相同。

如今在美国，几乎所有的人类学硕士和超过一半的人类学博士毕业生都在高校以外的领域从事工作，包括政府、媒体、商业企业、NGO 等等。而在商业领域，除了当年的 GM 之外，如今的尼桑、谷歌、IBM 等公司都有人类学家在从事研究工作。

此外，在布洛迪看来，虽然理论派的人类学家、研究如何帮助社区和组织解决问题的人类学家以及（现在逐渐增多的）与企业合作或为企业工作的人类学家之间，一直存在着某种紧张感，但必须承认的是，当遇到青少年怀孕、工会抗争或是企业亟需解决的实际问题时，理论人类学几乎帮不上忙。

事实上，理论人类学家与应用人类学家需要更多的协作。理论人类学家可以帮助到那些正努力解决现实问题的应用人类学家们，而应用人类学家在解决实际问题时的经验，也会反过来帮助到理论人类学的建设。

最后，布洛迪也提出了她的一点期待和愿景。希望人类学家可以更多地出现在新闻、电视、报纸、杂志等各类媒体中，从而使这一学科及价值被广泛认知。比如一部非常火的美剧《识骨寻踪》（Bones），就将法医人类学家带入了大众的视角。

（来自睿丛·洞察）